La belle maguelonne

Ou nom de nostre seigneur ihesucrist cy commēce lystoire du vaillant chenalier pierre filz du conte de prouence et de la belle maguelonne fille du roy de naples ordonne en cestuy langaige en lonneur de dieu de la vierge marie et de monseigneur sainct pierre de maguelonne duquel lesditz pierre et maguelonne ont este premiers fondateurs et fut mis en cestuy langaige. L'an mil CCCC.liiii. en la maniere qui sensuyt.

Pres lascention de nostre seigneur ihesucrist quāt sa saincte foy catholique commenca a regner es parties de gaule qui maintenant est appellee france et au pays de prouence de languedoc et de guyenne. Il y auoit lors en prouence vng noble conte nomme messire Jehan de cerise et auoit a femme sa fille du conte aluaro dalbara. Et le conte et la contesse nauoient si non vng filz chenalier q se nommoit pierre lequel estoit tāt excessent en armes et en toutes choses que merueilles et sembloit plus chose diuine que humaine cestuy chenalier estoit doulx et amiable et ay me nompas seulemēt des nobles mais de toutes gens de son pais et louoyent dieu de ce quil leur auoit donne si noble seigneur et le pere et la mere nauoient autre plaisāce que en leur filz pierre qui estoit tant vaillant tant bel et tant sage.

Comment vng iour les nobles barons et chenaliers du pays par le commandement du conte feirent vng tournoyement.

A.ii

Es barons et cheualiers du pays firent vng iour vng tournoyment duquel ledit pierre eut le pris nonobstant quil y eut plusieurs vaillans et nobles cheualiers de diuerses ꝑtrees lesquelz le conte festoia pour lamour de son filz et disoiēt que au monde nauoyt pareil de pierre. Et ploiēt en court du conte les vngz auecq̄s les autres de plusieurs choses chascū en son endroit ⁊ par especial sung diceulx cōpta lexcellente et la grande beaulte de maguelonne la fille du roy de naples et pour lamour delle y sont pour faire ioustes beaucop de bons cheualiers.

Ung iour ung cheualier dist a pierre Vous deussiés cercher le mõde & vous monstrer & essaier vostre corps/& sans faulte si vous men cropés vous ires veoir le mõde & conquesteres lamour de quelque belle dame Car vous ne pourrez si non mieulx valoir Et quant le noble pierre eut entẽdu pler le cheualier & aussi auoit oup pler de la merueilleuse beaulte de maguelõne Il disposa en sõ noble couraige & entẽdement q̃ sil pouoit auoir cõgie & licence de son pere & de sa mere quil proit cõme cheualier errant par le mõde Et apres aucuns iours quãt la court fut ptie pierre si estoit moult pensif en sõ couraige dentreprendre son voiage & cõme il pourroit auoir licẽce de son pere & de sa mere q̃ de sõ vouloir ne sauoient riẽs Et ung iour se trouua apoint auec son pere & sa mere qui estoiẽt tous ceulx assis Et alors pierre se mist a genoulx deuãt eulx & leur dist. Mõ seigneur mon pere & ma dame ma mere, Ie vous supplic tãt hũblemẽt cõme ie puis q̃ vous viẽgne a plaisir descouter les parolles de vostre hũble filz Ie crop & congnois que voᵒ me aues nourrp & maintenu iusques icy en grãt hõneur & noblefse car iay fait asses grande despence en vostre hostel pour la mour de mop sans point exaulcer mõ prix et ma valeur cõme font les autres prīces. Pourquop ie vouldroie bien ce sestoit de vostre bon plaisir aller veoir et cercher le monde & aussi il me sẽble q̃ ce seroit vostre hõneur & mõ proffit. Et pource mõ treschier pe & ma treschiere mere tres hũblemẽt ie vous prie q̃ de vostre & benigne grace me vueilles dõner licence. Quant le cõte & la cõtesse ouyrẽt les parolles & la voulẽte de leur filz ilz furent moult dolens. Et lors dist le conte pierre beau filz vous saues q̃ noᵘ nauõs nul filz q̃ vous/ne nul aultre heritier ne successeur si nõ nous & si nauons autre esperãce q̃ en

A.iii

vous et si vous aduenoit par aulcũ cas aucun contraire a vo-
stre psõne que ia dieu ne plaise nostre cõte et seigneurie sera p̃-
due. Et sa contesse luy dist/chier filz vous naues nul besoig
daller cercher le monde/car ceulx qui y võt.y võt pour cõque-
ster honneur et lamour des princes/et eulx acroistre en biens
Et vous aues tãt de biens et honneurs en armes/en cheua-
lerie/en noblesse en doulceur et beaulte q̃ prince de ce mõde et
par tout aues bõne renõmee p̃ vostre vaillãce/et aussi aues la
merci dieu belle cheuãce et noble seigneurie Pourquoy aues
vous enuie dauoir autres biens Dõcques mõ filz pour q̃lle
cause vo°en voulez aller et no° laisser Monseigneur vostre
pere et moy q̃ sõmes ia anciens et nauons nul plaisir en ce mõ-
de/sinon en vous ne aultre cõsolacion et si nauoit autre rai-
sõ que ceste/si deues vous laisser vostre vouloir. Pource mõ
filz ie vo° supplie tãt amiablemẽt cõe ie puis et que mere peut
faire a sõ enfãt que de vostre allee ne parles pl°Et quãt pier-
re entendit la voulẽte de sõ pere et de sa mere il fut esbahy et
courrouce et derechief hũblemẽt ses yeulx baissa en terre et dist
Je suis cellui qui desire faire vostre cõmandemẽt touteffoiz
se cestoit vr̃e plaisir de moy faire tãt de grace de moy donner
cõgie vous me feres le plus grãt plaisir q̃ iamais vous sca-
uries faire/car vng hõme ieune ne peut q̃ mieulx valoir d̃ v-
eoir le mõde/pourquoy encores vo° prie que de ceste allee vo°
en soies contens.

Comment le conte et la contesse donnerent congie a pier-
re leur filz daller veoir le monde.

Le conte et la contesse voiãt le bõ propos de pierre
ne scauoiẽt que luy dire ou de luy refuser ou de luy
octroyer sa demãde/pierre estoit tousiours a ge-

nous deuant eulx attendant la responce de son pere & de sa
mere/et quant il veit que ilz ne luy respondoient riens enco
res leur dist. Treschier et tedouble seigñr et pere sil plaist a
vře benignite otiroies moy ce que ie demãde. Et adõc le cõ-
te sui respõdit Pierre puis que vous aues tãt grãt voulente & que
aucunemẽt est necessaire que vous voies le mõde bře mere &
moy vous donons cõgie & licẽce/mais aduises que ne faciés
chose mal faicte ne ptraire a noblesse & vueilles tousiours ai
mer dieu & seruir sur tout & vous gardez de male cõpaignie &
reuenez le plus tost que vous pourres & aussi prenes de lor & de
largẽt ce qui vous sera mestier & harnops & cheuaulx & qñt pi
erre veit que sõ pere & sa mere lui auoiẽt bõne cõgie/il les re-
mercia hũblemẽt & sa mere se tira a part & lup dõna trops an
aulx tresbeaulx & riches/lesquelz valoiẽt vng grãt tresor et
pierre hũblemẽt la remercia & apres tut tout son fait & prit des
gentilz hõmes et varletz pour se seruir & print cõgie de sõ pe-
re & de sa mere lesqlz sennortoiẽt fort a aller & estre tousioure
en bonne compaignie et delaisser la mauuaise/et aussi que
tousiours lup souuiegne deulx/& puis pierre sen partit le pl9
secretemt ql peut & cheuaucha tãt p ses iournees ql arriua en
la cite de naples la ou faisoit sa demourãce le noble rop ma-
gueson et la ropne & leur belle fille maguelõne/& sen alla lo-
ger en vne place laquelle est écores appellee la place des pri
ces. & quant il fut logie il cõmenca a enquerir des coustumes
du rop/semblablemẽt des cheualiers du pais & demãda a son
hoste sil y auoit nulz cheualiers estrãges & de valeur en leur
cite. Et son hoste lui dist quil ny auoit gueres de tẽps qil estoit
venu vng cheualier nouuel auql le rop de naples faisoit bñ
grãt honneur pour sa grãde proesse & vaillãce & se nommoit

A.iiii

ledit cheualier messire Henry de crapana/ et q̃ pour lamour de
luy le roy si auoit mandé les ioustes au dimẽche apres ensui
uant. et adoncq̃s pierres luy demãda se les cheualiers estrã-
ges estoient receupz en sa iouste/ et son oste luy respondit que
ouy tres voulentiers mais quilz venissent fournis et bien en
point au champ.

Comment pierre vint sur les champs pour faire faitz dar-
mes et se mist au plus humble lieu qui fust comme cellui qui
estoit hors de son pais et conttree.

Le dimenche ensuiuãt pierre qui auoit grant desir de veoir la belle maguelõne se leua bien matin et alla oupt messe et ses cheuaulx furent bien pensez ⁊ auoit appresté tous ses abillemens de luy et de ses cheuaulx ⁊ en lõneur du prince des apostres saint pierre duquel il portoit le nom ⁊ y auoit sa fiance/⁊ pource portoit en son tiltre deux clerfz dargent lesquelles estoiẽt merueilleusement riches et auoiẽt este bien cõposees subtillement ⁊ aussi semblablemẽt estoient to⁹ ses abillemẽs de lui ⁊ de ses cheuaulx garnis et tous couuers de clerfz en lõneur dudit saint pierre/⁊ quãt il fut seure q̃ on se mõstroit au chãp ⁊ q̃ le roy eut disne ⁊ ia il estoit a son eschauffault. Et la royne et la belle maguelõne ⁊ ses autres dames et damoiselles. Pierre auec son varlet ⁊ vng page sans aultre cõpaignie sen vint ⁊ sen alla bouter au plus humble lieu cõe celluy q̃ estoit estrãgier ⁊ nauoit nulle cõgnoissãce q̃ se presẽtast ⁊ mist en auãt Quãt vint seure q̃ le heraulx cria q̃ sil y auoit aucũ cheualier q̃ pour lamour des dames vueille faire ioustes q̃ se presẽte en chãp/alors vint messire henry de trapana ⁊ se mist en chãp/alencontre duq̃l yssit vng des cheualiers du roy ⁊ messire henry le frappa si roydemẽt sur la haulte piece q̃l se reuersa sur les hãches de sõ cheual ⁊ rõpit sa lãce ⁊ la lãce du cheualier tũba entre les iãbes du cheual de messire henry tant q̃ le cheual tũba a terre. pour quoy les amis du cheualier disoiẽt que messire hẽry estoit tũbe de bõne iouste de quoy ledit messire henry fut courrouce ⁊ ne voulut plus iouster Apres le heraulx cria de p̃ le roy q̃ sil y auoit vng autre cheualier q̃l se mist en chãp. Et quãt pierre oupt le cõmãdemẽt du roy il se mist au chãp alencõtre de celluy q̃ disoit q̃l auoit abbatu messire henry ⁊ le noble pierre q̃ estoit courrouce du tour q̃ le cheualier tenoit a messire hẽry cõe cheualier fort & hardi en armes de si grāt force frappa le chevalier q̄ le cheual cheut p terre/pourquoy les assistens furēt to9 esbahis du cop q̄ le noble pierre auoit dōne/et le roy dist q̄ cellui cheualier estrāge estoit de grāt pesse & de grāt vertu si vouloit scauoir de quel pais il estoit & lui enuoia sō herault/ et pierre lui respōdit vo9 dires au roy quil ne lui desplaise de sauoir mon nom car iay fait veu de ne le dire a nul/mais dictes lui q̄ ie suis vng poure cheualier d frāce q̄ cerche le mōde cōe cheualier errāt pour veoir les belles dames & damoiselles & conquester hōneur & pris & quāt le roy eut op sa respōce il dist qͥl estoit courtois & noble de ce qͥl ne vouloit dire son nō & lui partoit dūg grāt couraige/& apres tournerēt a la iouste et a brief pler tāt fist pierre q̄ tous les cheualiers de sa cite estrāges abatit a terre/& tāt que le roy & vng chascū disoiēt quilz auoiēt biē grāt desir dauoir sa cōgnoissāce & nauoient oncques veu mieulx faire ne si bien cōe auoit fait pierre ne mieulx porter sa lance/& maguelōne parloit auec ses dames & disoit que bel estoit le cheualier & ses armes et biē vaillammēt se portoit/et ainsi partit pierre du chāp auec ses pris. Et messire henry et les autres lacōpaignerent. Et dicelle heure messire hēry eut grant amour auec pierre & tousiours estoiēt cōe cōpaignons.

¶ Cōment plusieurs ioustes furēt faictes de par le roy a la requeste de maguelōne.

P
Lusieurs ioustes & tournoymēs fist faire le roy a la reqͣste de la belle maguelōne que on prisoit fort pour le plaisir qͤlle auoit eu au cheualier des clefz & es vaillās faiz que tousiours faisoit Et voiant le roy q̄ le ieune cheualier estoit tāt abille & vaillāt de sō corps & de noble cōdiciō et courtois disoit a ses gens/sans faulte cestui cheualier doibt estre dūg grāt lignaige/car biē le mōstrēt

ses manieres et est digne dauoir plus dhonneur que nous ne luy faisons Espies vous aultres et faictes espier se vous pourres scauoir dont il est et de quelles gens.

Coment le roy alla conuoier pierre a disner auec suy en son palays.

Vng iour pour luy faire honneur le roy se alla conuoier a disner auec luy en son palais de quoy pierre fut moult ioyeulx / car il nauoit pas bien encores veu maguelone a son plaisir. Et le roy et la royne estans a la table pour monstrer plus grat signe damour a pierre se firent asseoir deuant leur fille maguelone. / auqs disner furent bien seruis et destranges viandes mais du tout ne chaloit a pierre / car de tout son cueur il regardoit la singuliere beaulte de maguelone q estoit assise deuant luy et y repaissoit ses yeulx et son cueur dont il estoit ardant et enflable tant q cestoit merueilles et disoit en soy mesmes q au monde ne pourroit estre vne aussi belle dame q maguelone / si doulce / si gracieuse ne q soit de si belle prudence et q bien eureux seroit lhome q seroit en sa grace mais il se reputoit a luy estre du tout impossible maguelone refrainant son courage et sa prudence aucuneffois regardoit pierre moult doucement et ne pensoit pas moins de pierre qi faisoit delle et quant ilz eurent disne on fist plusieurs beaux esbatemens pmy la salle et le roy se mist a soulacer aueccques ses cheualiers. Alors maguelone appella moult doulcement pierre q nosoit approcher delle et suy dist. noble cheualier monseigneur mon pere le roy a tresgrant plaisir de voz vaillances et aussi ont tous ceulx de ceans pour les grandes et merueilleuses vertuz et noblesses q sont en vous Pourquoy ne venez vous souuent esbatre ceans car le roy et la royne y prennent grat plaisir et aussi fais ie et toutes les autres dames et damoiselles Et quant pierre ouyt ainsi parler maguelone il dist. Madame il ne me souffist pas tāt seulemēt remercier le roy et la royne, mais aussi voꝰ qui tāt dōneur me faictes qui suis hōe de tāt petit et bas estat q̄ nay merite nō pas seulemēt destre au nōbre des moindres seruiteurs de vrē o les toutesfois treshaulte et trespuissante dame ie voꝰ remercie tāt cōe ie puis et a vrē seigneurie en moy obligant a tousiours destre le vrē hūble seruiteur et cheualier ou q̄ ie soie, et maguelōne dit vaillāt cheualier ie vous remercie et voꝰ retiēs mō cheualier et sur ces paroles la royne sē entra en sa chābre et fut force q̄ maguelō ne se partist de pierre, nonobstāt q̄l sui greuast bien toutesfois magnesōne dist a pierre Noble cheualier ie voꝰ prie que ceās venez souuēt voꝰ esbatre, car iay grāt talent et desir de plꝰ deux parolles en secret auec vous des armes et vaillances q̄ se fōt en vostre pais et me desplaist q̄ nay laisir de pler a voꝰ plus lōguemēt et en prenāt cōgie elle se regarda tant doulce mēt dōt fut naure plus que deuāt et ainsi se retourna sa roy. e et maguelōne en sa chābre auec ses autres dames Et demou ra le roy auec ses autres seigneurs et leur fist grant feste spe cialement a pierre et moult doulcemēt luy demāda son nom et dont il estoit et riēs ney peut scauoir si nō quil estoit vng po ure cheualier du pais de frāce et alloit serchāt aduētures p̄ le pais pour cōq̄ster hōneur et pris dont le roy se tint pour sage et de gentil esperit de ce q̄l ne vouloit dire sō nom et ne se vouloit plꝰ enquerir, car il ȝgnoissoit que ce nestoit pas sa volēte, pour ce le roy se ptit dilec pour aller reposer. Et pierre hūblement print congie du roy et des autres seigneurs et cheualiers qui la estoient et puis sen retourna en son logis.

Cōment pierre cōmenca a penser a la souueraine beaulte de la belle maguelonne quant il fut en son logis.

Et quãt pierre sy fut retourne en son logis et fut en son secret il cõmenca a penser a sa souueraine beaulte et noblesse de maguelonne Et sur tout de tãt doulx et amiables regars quelle lui auoit faitz tellement que dislec en auant ne pouoit auoir plaisir ne repos Et quant maguelonne fut en son lit cõmenca a pẽser a sa beaulte et vaillance de cestuy ieune cheualier et eut grãt plaisir de scauoir de quelz gens il estoit et sa cõdiciõ / car il sembloit a ses manieres qͥl fust de grant signaige et se parauenture il estoit de grãt signaige et noble quelle se vouldroit mieulx aimer q̃ psõne du mõde puis quelle scauoit qͥl estoit venu pour samour delle. Et aussi regardant maguelõne quelle ne pourroit riẽs faire sãs cõfort et aide de psõne. Elle pẽsa q̃lle diroit a sa nourrisse. Et vng iour la tira apt en sa chãbre et luy dist ma chiere nourrisse vous maues tousiours aimee et mõstré signe damour parquoy nay tant de fiãce a psõne cõe iay a voͬ pourquoy ie vous diray / mais ie vous prie q̃ se tenes secret et me dõnes le meilleur cõseil q̃ vous pourres / et lors la nourrisse lui dist. maguelone ma tres chiere fille croies q̃ au mõde ne me scaures demãder q̃ ie ne face et deusse ie morir / pourquoy dictes moy vostre courage hardiment et ne doubtes riẽs. Et maguelõne lors dist / iay si fort mis mõ cueur en ce ieune cheualier q̃ gaigna deuãt hier les ioustes / et layme tãt q̃ ie ne puis boire ne menger ne dormir / se ie estoie biẽ asseuree qͥl fust de noble signaige ien feroye mõ seigneur et mõ amy / et pource ie desire a scauoir son signaige et aussi sa condicion Et quãt la nourrisse eut ouy le propos et voulente de maguelõne elle fut esbahie et luy dist / ma chiere fille et dame q̃ dictes voͬ / vous scaures bien q̃ vous estes de tant grãt noblesse q̃ le plus grãt

seigneur du monde seroit content de vous auoir et vous met
tes vostre cueur en cestuy ieune cheualier q̃ est estrãgier et si
ne sçaues q̃ il est/et padueture ne vousdroit de vo⁹ si nõ vostre
deshõneur et vostre honte et puis vous laisseroit. ie vous sup
plie ma chiere dame q̃ vo⁹ plaise de oster de vostre cueur cel
se memoire/car si vostre pere le sçauoit trop seroit folle et dan-
gereuse vostre amour. Ayes vng peu de pacience/car si dieu
plaist vous ne seres gueres de tẽps q̃ vostre pere ne vous ma
rie haultemẽt a vostre hõneur et plaisir. Et quãt maguelõne
veit que sa nourrice ne se vouloit point cõsentir a sõ plaisir, si
cõmenca fort a dõner tristesse a laquelle nul cueur en sa ieu-
nesse ne peut resister/et amour sauoit si fort surprise q̃lle na-
uoit puissãce en soy et dist ha ma chiere nourrisse est ce lamour
q̃ vous aues en moy de vouloir q̃ ie meure si pourement et que
ie finisse ma vie miserablemẽt p faulte de secours. Helas sa
medicine si est pres de moy ie ne vous ennoye pas si loing ne
aies paour de moy ne de mõ pere ne de ma mere ne de nul et si
vous maymes faictes ce q̃ ie vous dy ou si nõ vous me ver-
res mourir en peu de tẽps de doleur et de peine et en ce disãt el
le cheut pasmee sur vng lict et quãt elle fut reuenue elle dist/
saches nourrisse q̃ il est de grant noblesse et de grãt lignage ad
uises ses cõdiciõs le mõstrent et pource il ne veult dire sõ nom
a persõne et trop fermemẽt que ce vous suy demãdes sõ nõ il se
vous dira Et lors la nourrisse voiãt et regardãt le mal q̃ ma
guelõne p force damours souffroit la reconfortoit en disant.
Maguelõne puis que cest vostre voulẽte et plaisir ie mettray
peine de parler auec le cheualier de par vous.

Commẽt la nourrisse alla a pierre a leglise pour parler a
luy de par la belle maguelonne.

Pres la nourrisse fist tāt q̄lle trouua pierre a seglise
tout seul q̄ disoit ses heures τ la nourrisse ētra en sa
chappelle ou il estoit τ fist sēblāt de adourer τ quāt elle eut a
dore pierre lui fist hōneur/car il la cōgnossoit pource q̄l sauoit
veue souētesfois en la cōpaignie de maguelōne τ lui dist Sei
gneur cheualier iay grāt merueille de voꝰ qui si secret tenes
vr̄e estat τ vr̄e seigneurie car ie scay biē q̄ le roy τ la roie τ ma
dāe maguelōne prēdroiēt grāt plaisir a sauoir de q̄lz gēs voꝰ
stes τ sur tout madāe maguelōne τ se voꝰ me voules aucūe
chose declairer ie lui feray assauoir τ scay biē q̄lle voꝰ en sau
ra bō gre car elle se desire fort/τ quāt pierre opt ainsi parler la

dame/si luy dit. ma chiere dame ie vous remercie ql̃ vous diet a plai
sir de plere a moy et remercie aussi tous ceulx q̃ vous dictes q̃ ont
desir de sauoir mõ nõ especialemẽt maguelõne a laq̃lle dires q̃
ie me recõmãde a elle/ ne lui desplaise q̃ depuis q̃ ie suis hors
de mõ pais et de ma terre ne lay dit a persõne viuãt. Toutes
fois pource quelle est la creature de ce mõde a laq̃lle ie vueil
plus de bien et luy seruir et obeir. Dictes luy puis que ainsi est
le desire de scauoir mon nom et qui ie suis que ma parente est
moult grande et noble et queile soit contẽte de cecy et a vous da
me ie vous prye quil vous plaise de prendre de moy de mes
petites bagues pour lamour de madame maguelonne/ car a
elle ie ne loseroye pseter/ et de le prẽdre elle me feroit vng tres
grant plaisir/ si luy baillia vng de ses anneaulx moult riche et
de grant valeur. Et adõc sa nourrisse lui dist/ cheualier pour
lamour de vous ie le preseterap a la belle maguelõne et lui di
rap tout ce que aues dit/ et ainsy se departirẽt lung de lautre.
    Dy partẽt de pierre sa nourrisse ioyeusemẽt pour
    ce quelle auoit plse a luy a son plaisir disoit en soy
    mesmes que vrap estoit ce que maguelõne disoit
et q̃ le cheualier deuoit estre de q̃lq̃ grant signaige
car il estoit plain de toute honeur et de toute sagesse et en telz pẽ
ser sen vint iusques a la belle maguelonne laquelle satten/
soit de moult bon cueur et de vne tres grãt affectiõ. Et elle lui
cõpta tout le parlemẽt quelle auoit eu auec le cheualier et luy
presenta lagnes/ quant maguelõne ouyt la doulce respõce du
cheualier et la beaute et richesse de lanes/ dist a sa nourrisse
chiere nourrisse ne vous auoie ie pas bien dit ql̃ deuoit estre
de haulte noblesse/ et certes mon cueur le me disoit bien pẽses
vous ma chiere nourrisse que cestuy cy soit de poure homme
seurement ie vous dy que ma fortune est ceste cy/ et ne peust

estre aultremēt/car ie vueil cestuy cy se desire et ayme et iamais
aultre ie nauray/car mon cueur et mon entendement a este a
luy depuis que ie le veis la premiere foys et congnois q̄ pour
moy est cy venu et puis quil est de grāt parēte et de noble lieu
ie suis bien seure quil est icy venu pour lamour de moy et q̄l
est le meilleur et le plus beau chevalier de ce mōde ne seroie
ie pas bien cruelle se ie ne laymoie/devāt puisse ie mourir a do
leur que ie le mette en oubly ne sçe ie le laisse pour vng aultre
Pourquoy ma chiere nourrisse vous prie q̄ vo⁹ luy facies as
savoir ma voulente et me dōnes en cecy se vous maymes le
meilleur cōseil que vous pourres. Et pour aleger aucunemēt
ma douleur ie vo⁹ prie que vous me laisses lagnel. car ie prēs
grant plaisir a le veoir et tenir. Quāt la nourrisse ouyt ainsy
parler maguelonne qui vouloit descouvrir si tost sō courage
fut moult dolente et lui dist Ma noble dāe et fille et mon tres
doulx cueur ie vous priētant c... ie puisque ne mettes point
tāt cestuy ppos en vr̄e cueur/car deshōneste chose seroit que
tant noble fille et de haulte lignee cōe vous estes habādōnast
si tost samour a vng hōme qui est de pays estrāge. Et quāt ma
guelōne ouyt sa nourrisse elle nē peut plus ēdurer/mais luy
dist ne se nōme plus estrāgier/car au mōde ie nay plus chiere
persōne que luy ne iamais hōme ne me ostera de ce ppos Pour
quoy vous prie que iamais ne me vueilles dire sēblables pa
rolles si vo⁹ voules mō amour et ma grace. Et alors la nour
risse regardāt sa voulente ne luy voulut plus ōtre dire/mais
lui dist. Ma chiere dame ie ne le dis pas si non pour vostre hō
neur/car les choses qui sont faictes desordōnees par voulēte
hastive ne sont pas a sōneur de ceulx qui les fōt ne prisīees de
ceulx qui les entēdent Ie loue bien que vous laimes/car il en
est bien digne/mais q̄ vo⁹ le faces hōnorablemēt cōe se doit fai

B i.

re & ne doubtees/ car ie bous donneray se m'eisseut conseil & aide que ie pourray & ay bonne esperance en dieu qn̄ y trouuera bon remede & quāt maguelonne oupt ainsi pser sagement sa nourrisse elle se appaisa vng petit & puis luy dist. Ma treschiere nourrisse ie feray ce que me conseilleres Celle nuyt dormit bien maguelonne en son lict auec son anel/ lequel souuentesfois baisoit par grant amour et couraige mettant souuent son cueur en peine de doulx souspirs a pierre son desire amy iusques bien pres du iour & en icelle pensee sendormit & quant elle fut endormie elle songa vng tel songe q sui sembloit q̄lle & pierre estoient seulletz en vng iardin et elle disoit a pierre. Je vous prie sur lamour que vous aues en moy que me dictes de q̄l pays vo⁹ estes & de quelz gens car ie vous aime sur tous les hōmes du monde. Et pource ie vous droie bien scauoir q̄ est se cheualier q̄ a mamour ne de quel lieu il est & lui sembloit que pierre lui respondit. Noble dame il nest pas encore heure que ie se vo⁹ die quant a present/ car vous le scaures en brief et puis que pierre lui donna vng bel anel plus riche que nestoit lautre que sa nourrisse luy auoit apporte/ et ainsi estoit dormant sa belle maguelonne en grant plaisir iusques a ce quil fust iour/ & quant elle se esueilla elle compta a sa nourrisse tout son songe la q̄l se congneut que celle fille auoit mis tout son cueur en ce ieune cheualier et toute sa pensee/ et pource elle la conforta en doulces parolles le mieulx quelle peut.

Cōment vng iour pierre trouua sa nourrisse en leglise et se tira deuers elle pour lui dire aucune chose de secret.

Ng iour fist tant Pierre quil trouua sa nourrisse de Maguelonne a leglise sy vouloit parler a elle en secret Et sa nourrisse se tira deuers luy et luy

dist comme maguelonne auoit pris grant plaisir en son anel
& le remercia. Madame dist pierre ie sc vous auoie donne, car
ce nestoit chose deue que si petit don se transmist a sy haulte
dame comme madame Maguelonne nonobstãt que tout ce
que iay mon corps & mes biẽs sont a elle. Saches madame
que sa incomparable beaulte ma si fort point au cueur que ie
ne le puis plus celer Et pource est force que ie vous die mon
cas/car sy elle na mercy de moy pour vray au monde na pl9
maleureux cheualier que moy Madame ie vous dy priuemẽt
mon couraige/car ie scay & congnois que vous estes amie de
madame maguelonne & sil vous plaist de vostre bonte de luy
faire assauoir de par moy ie vous en vouldroie supplier hum
blemẽt combien que ne vous saie pas deseruy. Et lors la da
me dist au cheualier ie vous remercie de bon cueur & feray de
vous bon raport a madame maguelonne Au fort ie ne scay
point en quelle maniere vous entedez ceste amour/car se vo9
lentendez de folle amour et deshonneste nẽ parler plus A
donc pierre dist/dame deuant puisse ie mourir de mauuaise
mort que ie pense en ceste amour aucunemẽt mauuaistie ne
villennye/mais en tresbõne honnestete vertueuse & scalle a
mour/ie vouldroie seruir sa noble ieunesse/ & sa nourrisse luy
dist noble cheualier ie vous prometz de luy faire assauoir vo
stre voulete/mais puis que vous voules aymer de sy noble
cueur et sans villennye/pourquoy ne voules vous que elle
sache de vostre lignaige. Et par aduenture pourres estre de
tel lieu q̃ de vous et delle se feroit le mariage au plaisir de di
eu/car elle vous ayme de bonne amour et vous songe en dor
mant & quãt nous sommes en nostre secret elle ne parle que
de vous madame dist pierre puis que vo9 dictes ses parolles
qui sont tant ioyeuses sil vous plaist tant faire pour moy q̃

B.ii.

ie puiſſe parler a madame. ſa belle maguelonne ie ſui dit ope
mon lignaige et mon pays et croy qu'elle ne m'en priſera pas
moins/mais iamais a autre ne le diray ſi nõ a elle ſeulement.

Adoncques luy dist ſa dame/ie luy diray et s'il luy plaiſt
ie feray tant que vous parleres auec elle Madame dist pier-
re ie vous remercie/τ s'il vous plaiſt luy preſenteres ce preſẽt
anel de par moy/τ s'il luy pleſt de le prendre ie tiendray a vng
ſingulier plaiſir Car il me ſemble que l'autre anel n'eſt pas
tel cõme a elle appartient et vous plaiſe de moy recõmander
a ſa bonne grace. La dame dist au cheualier pour l'amour de
vous pource q̃ me ſẽble que vo[us] aues noble cueur ie ſuy pu

seteray de par vo9 et feray vr̄e recōmādacion et aussi q̄ vous
parleres auec elle Lors dist pierre ie vous remercie.
¶ Cōmēt la nourrisse retourna deuers maguelōne.
Atant dilecē9 sa nourrisse elle sen alla en la chā
bre de maguelonne qui estoit malade par force da
mours dessus sō lit. car elle ne pouoit auoir repos
et quāt elle veit sa nourrisse elle se leua et dist ma
tresche chiere nourrisse vo9 soyes la biē venue/helas ma portes
vous nouuelles de cestui q̄ iaime tant/certes ma chiere nour
risse se vous ne me dōnes aucū confort q̄ ie voye et que ie pse
auec luy ie mourray Lors lui dist sa nourrisse ma noble et chie
re fille ie vous dōneray tel cōseil que vous en seres ioyeuse
Et se dieu plaist cōgnoistres que ie vo9 aime. Et lors mague
lonne sallit de son lit a terre et acolla et baisa sa nourrisse en
disant Ha chere nourrisse dites moy ses nouuelles et la nour
risse luy dist cōmēt pierre estoit venu deuers elle et luy a demā
de de maguelōne/tant quil luy a declare sō couraige et com
ment il est tāt amoureux delle quil en meurt et croyes douce
fille que se vous aues point doleur ne peine pour luy quil en
a autāt pour vous et sur tout lamour de quoy il vo9 ayme est
bōne et loialle et cōprise en noblesse et hōnestete dōt ie suis biē
ioieuse et sachez ma noble fille q̄ iamais cheualier de sa ieu
nesse ne parla si sagemēt q̄l fait/et sans faulte il est de grans
gens et se fait est tel q̄l desire sur toutes les choses du monde
de parler a vous en secret et il vous dira son cas et sō lignage
et fera tout ce que vous vouldres et se recōmāde a vous en vo9
priant de luy assigner vng iour ou il vo9 puisse dire son coura
ge car il ne se dira a autre Et vous supplie q̄l vous plaise de
prēdre cestui anel et de le garder pour lamour de luy et quāt ma
guelōne ouyt les doulces paroles de sa nourrisse et veit le bel
anel plus bel q̄ le premier de ioye sa couleur deuit rouge et dist

B. iij

a sa nourrisse. Sachies chiere nourrisse q̃ cestui est lunel q̃ ie songoie lautre nuyt/car se cueur ne me dit riens/q̃ ne mãtie/ ne a trop sans nulle faulte q̃ cestuy sera mon amy ainsi mary a sãs luy ie ne puis auoir plaisir ne ioye si vo⁹ prie que auisõ de la meilleure maniere que no⁹ pourrons/car sans faulte ie ne vueil plus tarder que ie ne ple auec lui/a pource chiere nourrisse trouues manieres q̃ ie le puisse veoir a mõ plaisir car iay esperãce q̃ par vr̃e moiẽ de venir a la fĩ de mõ desir si vo⁹ promets q̃ ny pdres riẽs. la nourrisse lui pmist q̃lle feroit en tout diligẽce/p ainsi demoura maguelõne tout cestui iour a celle nupt en plus grãt plaisir q̃lle nauoit deuãt a regardoit ses aneaulx⁊ẽ sõ cueur mercioit pierre puis les mettoit en ses doiz

¶Comment la nourrisse mist peine de trouuer pierre qui estoit en sa chappelle ou sauoit autresfois trouue.

E quãt vint lendemain sa nourrisse mist peine de trouuer pierre lequel estoit en sa chappelle ou il auoit autresfoys ple a elle. lequel eut grant plaisir quãt il la veit/car biẽ se pẽsoit q̃ quelques nouueles il auroit de maguelõne ⁊se leua a sencõtre a la salua courtoisemẽt/car elle luy respõdit dieu vo⁹ doint ce que vr̃e cueur desire. Apres pierre luy demãda que faisoit maguelõne ⁊sil estoit en sa grace/⁊ sa nourrisse respõdit. noble a tres chier cheualier croies q̃ au monde cheualier q̃ onc̃q̃ portast armes ne fut plus eureux/⁊ fut bõne seure q̃ venisses en ceste terre. car par vr̃e prouesse ⁊ beaulte vous aues gaigne la plus belle dame du mõde/dont iamais ne vous aduint si grãt bien ⁊ aues cõqueste sa grace et samour ⁊ elle vo⁹ remercie de vostre anes ⁊ se porte pour samour de vous ⁊ si vous desire biẽ a veoir et de parler auec vous ⁊ si suis biẽ contẽte que vo⁹ ple auec elle a vr̃e plaisir. Toutesfois vous me pmettes cõe noble cheua en voſtre amour naura ſi nõ tout hõneur cõe il apptiẽt a noBleſſe de ſi hault eſtat cõc voꝰ dictes que voꝰ eſtes Lors le noble pierre cõe plaĩ de nobleſſe miſt ſe genoul a terre deuant ſa croix en diſãt, madame ie vous iure icy deuãt dieu que mõ ĩtẽcion eſt pure ⁊ hõneſte ⁊ auſſi ne deſire autre choſe ſi nõ au plaiſir de dieu que puiſſe venir a lamour de la belle magueloͮne ⁊ au ſainct ſacremẽt de mariage ſolẽnize en ſaincte egliſe ou dieu ne me doit iamais biẽ ne hõneur en ce mõde Et alors la dame ſe leua p̃ ſa maĩ ⁊ luy diſt/certes noble cheualier voꝰ auez fait tel ſacremẽt quõ vous en doibt croire/⁊ ſachez q̃ icelle voulẽte diray a la belle magueloͮne ⁊ prie a dieu p̃ ſa grace q̃ vous laiſſe puenir a voſtre bõ ⁊ hõnorable propos/⁊ ſil eſt a ſõ plaiſir ie puis biẽ dire q̃ au mõde ne ſe trouua plus belle ne plus noble couple que vous deux/pource noble cheualier venes demain a leure de dormir apres diſner par la petite porte du iardin de magueloͮne ⁊ viẽdres en ſa chãbre laq̃lle ſans faulte ſera vuyde de toutes gẽs ſinõ deſie ⁊ de moy/⁊ ẽcores ie vous feray place affin que voꝰ puiſſes pler a v̄tre aiſe dont la ꝯcluſiõ quauoit faicte auec pierre maguelone en fut iopeu ſe ⁊ remercia ſa nourriſſe ⁊ attẽdoit celluy q̃lle aymoit tant.

Cõme pierre vint a maguelonne par la porte du iardin.

E lendemain a leure aſſignee que le noble pierre nauoit pas oublie il trouua la porte ouuerte ainſy comme la nourriſſe luy auoit dit ſi ẽtra en la chãbre de maguelõe en grãt affectiõ de cueur ⁊ nourriſſe eſtoit ſeulement aueĉq̃ elle Et quãt la belle maguelõne ſe veit toute ſa couleur ſupmua ⁊ ſe changa cõe de roſes ⁊ ſe vouloit leuer ⁊ laſſer ẽbraſſer car amours la ꝯtragnoiẽt car raiſõ q̃ gouuerne tout noble cueur luy remõſtra ſon hõneur ⁊ la dignite ou elle eſtoit dont

Biiii

elle refraignit son couraige ung peu a sa pseñace nonobstāt
q̃ ses tresbeaulx yeulx z̃ sa belle face ne pouoiēt celer lamour
q̃ile auoit a pierre z̃ le cueur suy tressaissoit ou ventre moult
doulcemēt Maguelōne aiant en soy deulx pmaginaciōs regar
doit trespiteusemēt son noble amy pierre. Et le noble cheua
lier pierre ne changa pas moins sa couleur quāt il veit lincō
parable beaulte de maguelōne z̃ ne scauoit en quelle manie
re cōmēcer a pler car il ne scauoit si estoit en fait ou en sa l̃re/
car ainsi fait amour a ses subgetz. Toutesfois il mist son ge
noul a terre cōe tout hōteux z̃ dist Tresexcellēte z̃ haulte da
me dieu vous doint honneur iope z̃ plaisir Et maguelōne incō
tinēt se leua z̃ le prīt p sa mai z̃ luy dist. Gētil cheualier vous
soies le tresbien venu si le fist asseoir au plus pres de elle z̃ tā
tost sa nourrisse les laissa z̃ sen alla en une autre chābre. Et
sa belle maguelōne luy dist. Noble cheualier iay grāt plaisir
q̃ vous estes icy venu car grant desir auoie de parler a vous
z̃ cōbiē q̃l ne soit chose deue q̃ une ieune fille doiue pler a ung
hōme seul tāt priuemēt cōe ie fais. Touteffois la haulte noblef
se q̃ iay veu en vous me asseure z̃ me dōne hardiesse de le fai
re/z̃ sachez noble cheualier q̃ des le premier iour q̃ ie vous ve
is mō cueur vous voulsut biē/car tant de biens q̃l doibt auoir
en hōme noble vous les aues/pourquoy gentil seigneur dic
tes moy v̄re intētion condiciō z̃ signaige. Car certes ie vous
vueil plus de biē que ie ne fais a hōe du mōde Pourquoy iap
grant desir de scauoir q̃ vous estes ne de quelz gens/et pour
quoy vous venistes en ce pais. Et pierre se leua lors sur piez
Ma noble dame z̃ excellēte ie remercie a vostre haulte sei
gneurie treshūblemēt que de v̄re doulceur z̃ bonte ie ay meri
te dauoir vostre grace sāe nul biē ne vertu qui soient en moy
et est raison haulte dame q̃ vous sachez mon signage z̃ aussi

Pourquoy ie suis venu en ce pais/ toutesfois ie prye a vostre
haulte seigneurie q̃ ne se vueilles reueler a p̃sonne du monde
Car cestuy a este mon propos quãt ie partis de mon pays ne
depuis ne lay dit a p̃sonne. Plaise vo⁹ scauoir madame q̃ ie
suis vng seul filz du conte de puence ꝯ suis le nepueu du roy
de france Et me suis parti de mõ pere ꝗ de ma mere seulemẽt
pour vostre amour/ car iauoye ouy dire que vo⁹ esties la plus
belle princesse du mõde cõe il est vray ꝗ encores plus q̃ nul ne
pourroit penser ꝗ suis icy venu en petite cõpaignie ou sõt plu
sieurs cheualiers nobles princes ꝗ aultres plus vaillans que
moy/ ꝗ ont fait merueilles en faictz darmes pour lamour de
vous dont mestoie mis au cueur q̃ moy qui nestoie pas de sy
grant valeur ne de si grande p̃esse cõe ilz estoient se ie pour-
roie iamais paruenir dauoir vr̃e bonne grace Et ce est noble
dame la verite des choses que vo⁹ maues demãdees/ ꝗ plaise
scauoir a vr̃e gentillesse que iamais mõ cueur autre que vo⁹
naymera iusq̃s a la mort Et lors maguelõne se print et le fist
asseoir empres elle ꝗ luy dist. Mon noble frere ꝗ seigneur de
ceste plaisante ꝗ noble iournee ie loue dieu mon createur. car
ie suis la plus eureuse q̃ iamais fust dauoir troue vng si tres
noble cheualier nõpareil de prouesse/ de beaute/ ꝗ de sagesse
Et adonc puis q̃ ainsi est que nous sõmes amoureux lung d
lautre/ ꝗ aussi mõ tresnoble seigneur q̃ vous estes seulemẽt
parti de vostre pais pour mon amour ꝗ aues mieulx fait que
tous les autres cheualiers q̃ iaye veu ꝗ aues le nõ de cheuale
rie ꝗ sur tous ie suis bien eureuse/ car pour moy tãt aues pris
de peine. Pourquoy gentil et noble seigneur nest pas raisõ q̃
vous perdez la peine q̃ aues si loyalemẽt gaignee ꝗ puis que
vous me desclaires vostre couraige/ raison est q̃ ie vo⁹ decla
re le mien/ pourquoy vecy la toute vostre maguelõne ꝗ vous

fais maistre de mō cueur en vo9 priāt hūblemēt q̄ se vueilles garder secretemt ⁊ honestemēt iusques a n̄re mariage. ⁊ soies seur pour ma pt q̄ pl9 tost souffriray mort que mā cueur se ꝯsentist a aultre mariage. ⁊ de fait prīst vne cheine dor ⁊ vng petit fermail q̄ elle portoit en sō col et se mist au col de sō amy pierre disāt Par celle cheine mō bel amy ie espoue vo9 mettez en possessiō de mō corps en vo9 pmettāt loialement comme fille de roy que iamais aultre ne saura que vo9 ⁊ sacolla doulcemt et pierre mist vng genoul a tre et dist/ma noble dame et la plus belle du mōde ie ne suis pas digne de vo9 mercier mais tout ainsi que vous aues dit ie suis content ⁊ si me plaist. Et vo9 prometz que loiallement accompliray vostre cōmandement si plaist a dieu ⁊ sil plaist a vostre doulceur vous prēdres de vostre sopal espoux pour lamour de moy cōme cellup qui veult obeir/ce stuy anel estoit le tiers que luy auoit dōne sa mere lesquel estoit plus bel ⁊ plus riche que les aultres deux. Et la doulce maguelōne se print volentiers et se alla derechief baiser ⁊ acoler/⁊ sur ce point appella maguelōne sa nourrisse. Et quant ilz eurent assez parle elle ⁊ pierre entreprindrēt en quelle maniere ilz pourroient veoir lung laultre puis pierre se retourna en son logis plus ioyeux quil ne souloit. Et ainsy maguelōne demoura auecques sa nourrisse en sa chambre sans faire semblant a aultre personne de son faict

Duuent parloit Maguelonne a sa nourrisse de son amy pierre/⁊ luy disoit que vous semble ma chiere nourrisse de mō loial amy pierre auq̄l ie prie q̄ men dites la verite/certes dist sa nourrisse madame il est tāt bel ⁊ vaillant doulx ⁊ amiable en toutes ses manieres q̄l me semble quil deueroit estre de quelque grāt lignaige Lors dist ma guelōne a sa nourrisse ie vo9 auoie tousiours biē dit que mon

cueur se fetoit bien dont ie me tiens a suis cōtēte car bien de grace
ma fait venir a sa congnoiſſāce ꝭamour/ car au monde na si
haulte fille si elle ſauoit seulemēt la moitie des biēs q̄ ſont en
lui q̄lle ne ſe vouſſiſt auoir pour amy/loꝛs diſt ſa nourriſſe
dame tout ce q̄ vo⁹ dictes eſt vray/mais ie vo⁹ prie dune choſe
ceſt que par foꝛce de grāt amour vo⁹ne ſoies legiere que quant
vo⁹ ſeres a ſa court auec les autres dames q̄ pietre d'auēture
y ſoit ne lui faictes ſpoit ſēblāt/car par aduēture vře pere ꝭ vo
ſtre mere cōgnoiſtroiēt bien pourquoy sē pourroit eſuiuir deux
dāgiers. Le premier si eſt q̄ vous en ſeries vergongnee ꝭ perdr
ies lamour de voſtre pere ꝭ de voſtre mere Et le ſecōd que silz
ſe prenoiēt garde vo⁹ ſeries cauſe de faire mourir ce noble che
ualier lequel vo⁹ aime mieulx que ſoy meſmes ꝭpuis moy ie
ſeroie la plus punie/pourquoy vous ſupplie que vo⁹ vueil
les ſaigemēt ptenir cōe a noble fille appartiēt/ certes ma chie
re nourriſſe diſt maguelōe en cecy ꝭ en to⁹mes fais me vueil
gouuerner par vře conſeil/car ie cōgnois que me conſeilles mō
biē ꝭ hōneur ꝭ vous prie que ſe vo⁹me voies faire ou dire aul
cūe choſe deshōneſte que vo⁹me aduiſes par ſigne ou autremēt
car ie vous vueil obeir cōe a ma chiere nourriſſe ꝭ mere mais
ie vo⁹ prie dune choſe que quāt no⁹ serōs vo⁹ ꝭ moy ſeulettes
que ie aye licente de habandonner ma langue et de parler de
mō doulx amy pierre ꝭ auecques telle grace ie paſſeray mō
tēps le mieulx que poſſible me ſera iuſques a ce que no⁹ voi
ons la fin de ceſte aduenture ꝭauſſi vo⁹ prye que vous le me
facies veoir ꝭ pſeray a luy ſouuēt/car ie nay auſtre ioye en ce
mōde ꝭ se par fortune aduenoit aucun cas que ia a dieu ne plaiſe
q̄l euſt pour moy qui ſy aduīt quelque grāt mal ou dōmaige
ſaches ma chiere nourriſſe que moy de ma propre main me
oſteray la vie.

¶ Et quant pierre fut a sa maison retraict comenca a peser en soy mesmes la beaulte et aduenture qui luy estoit aduenue et louoit dieu de tout et disoit q̃ iamais dieu ne donna si belle aduenture a cheualier cõe a luy en soy esmerueillãt de la souueraine beaulte de ma guelõne parquoy plus souuẽt alla a sa court q̃l nauoit acoustume/ nõobstant quil se gouuernoit saigement cõme ieune psonne au mõde pourroit faire auecq̃s le roy et p tout Et tellement q̃ pour sa grant douceur et gracieusete de luy tretous saymoiẽt de mieulx en mieulx/ non seulemẽt les grãs/ mais aussi les petis Et quãt il veoit quil pouoit sans dãgier saouler son cueur cõmẽcoit a regarder la belle maguelõne et le faisoit sagement et de bõ cueur et quãt il auoit mãdement daller parler auec elle il y alloit et ainsi passoient temps eulx deulx lung auec lautre.

¶ Comẽt messire ferrier de la courõne partit de rome pour venir a naples faire plusieurs ioustes pour lamour de la belle maguelonne.

En cestuy tẽps au pais de romenie auoit vng noble cheualier seq̃l estoit fort riche et moult puissãt tant en auoit cõe en armes et aultres choses Et pour sa tresgrãde noble valeur et cheualerie estoit tresfort prise et aime et se nõmoit messire ferrier de la courõne Cestui cheualier aimoit p amour maguelõe et si nestoit pas aime delle et vng iour q̃l se fioit en sa force il alla pposer en son cueur de faire aucũes ioustes en sa cite de naples pour monstrer sa force affi q̃l peust mieulx cõq̃ster sa grace et lamour de la belle maguelõe et surce en fist req̃ste au roy magueton seq̃l luy ottroya et firẽt crier p le royaulme de frãce et pais deuiron que tous cheualiers q̃ pour le nom des dames voudroiẽt iouster et faire

ioustes fussent seiour de nostredame de septembre en la cite
de naples et illec se pourroit monstrer qui bien feroit pour sa=
mour delles et q auroit vaillãt couraige pourquoy plusieurs
cheualiers princes et barōs qui pour lamour des dames vou
loient faire ioustes vindrent a naples desquelz en nōmerons
les principaulx/car trop longne chose seroit a racompter Et
premierement y vint anthoine frere du duc de sauope. Le se
cond fut ferrier frere du marquis de montferrant et edouard
henry filz du roy dangleterre/et iacques frere du cōte de pro
uence et oncle de pierre/nonobstant quil ne se cōgneust pas a
celle feste En la cite de naples estoit le noble pierre de proue

ce et son compaignon messire henry de crapana Ferrier de sa
couronne et plusieurs aultres cheualiers vindrent qui ne se
pourroient nommer/et demourerent tous six iours a naples
deuant le iour assigne tous apprestez. Et en nulles hystoires
ne se trouue pas q̃ iamais en la cite de naples se trouuast tãt
de nobles cheualiers comme a ceste foys/les quelz le noble ⁊
bon roy magueson festopa grandement. Quant vint le iour
de nostredame bien matin que tous ses cheualiers eurẽt oup
messe et furent appareilles au champ de sa cheualerie nõme
chatopne ou estoit le roy en son eschauffault ⁊ les autres sei
gneurs auecques luy. et en vng aultre eschauffault estoit la
royne sa fille et les aultres dames ⁊ la estoit grant plaisir de
veoir les belles dames/mais entre les aultres maguelonne
sembloit vne viue estoille du ciel qui se lieue au point de iour
car sa beaulte trespassoit toutes les aultres ⁊ tous les cheua
liers estans appareilles Le roy commanda quilz feissent les
monstres Et le premier qui fist sa mõstre fut ferrier de la cou
ronne pour lequel on auoit mande la ionste. Le premier aps
fut anthoine de sauope ⁊ tous les aultres aps par leur tour.
Et la belle maguelonne auoit tousiours loeil sur sõ amy pi
erre qui demeura des derniers. Quãt les monstres furẽt fai
ctes le roy fist crier par son herault que les ioustes fussẽt bon
nes et precicuses et de bonne amour sans iniurier lung laul
tre. Et que chascũ feist du mieulx quil pourroit des la en a
uant car il en donnoit licence. Et ferrier de la couronne dist
tout hault que on soupt/ie vueil en ce iour monstrer ma force
et proesse pour lamour de la belle et noble maguelõne ⁊ puis
se mist le premier en champ a lencontre de henry dangleterre
qui estoit beau cheualier et se frapperent tellement que c'ist

rōpit sa lance/touteffois se Henry neust eu secours il fust tū/
be a terre et fut vng peu estourdy du coup. Apres celuy Hery
vint a lancelot de Valois qui abatit de sa premiere venue fer
nier/et contre lequel saillit le noble chevalier pierre de prouē
ce Car le cueur de luy ne pouoit plus attendre et sappelloient
tous les chevaliers des clercz. Car ilz ne scauoient aultrement
son nom ne son signaige Et frapperent de telle force que les
deux chevaliers tumberent et fut dit de par le roy et de tous
les autres chevaliers que grant puissāce estoit aux deux che
valiers Si commanda quilz changassent de chevaulx silz vou
loient et quilz retournassent a la iouste silz vouloient affin q̄
on veist qui auroit lhonneur/ lesquelz incontinēt furēt mon/
tes a cheval. Il ne fault pas demander se alors la belle
Maguelonne de piteux cueur prioit nostre seigneur quil luy
gardast son doulx amy Pierre et luy donnast honneur en cel
le iournee. Quant les chevaliers furent retournes au chāp
sa seconde fois auquel desiroient avoir honneur/ et se frap/
perent de telle rencontre que pierre rompit le bras a lancellot
et se mist par terre de si grant coup que le roy et tous cuidoiēt
quil fust mort. Et les gens lemporterent en son logis Apres
vint asencontre de pierre anthoine de savoye qui nestoit pas
de si grant force que lancelot et legierement alla par terre Et
apres vint messire iaques de prouence oncle de pierre/ Et pi
erre le congneut bien mais il ne le cōgneut pas/ et quāt pierre
veit que son oncle frere de son pere sappareilloit pour venir
asencontre de luy dist au herault Dictes a cellui chevalier q̄
ne viengne pas Car il ma fait aultresfois plaisir en armes
et est vng chevalier a qui ie suis tenu grandement et ne luy
vouldroye pas faire desplaisir et que ie luy prie que sa iouste

de luy et de moy cesse q ie suis prēt de pfesser deuāt le roy et de
uāt ses dames ql est meilleur cheualier et plus vaillāt q moy
Quant le cheualier lentendit et souptit il en fut moult courou
ce. Car il estoit bon cheualier et auoit faict pierre cheualier
en armes de sa main/pour ces deux raisons pierre luy portoit
honneur. dictes au cheualier dist messire iacques que quel ql
soit se ie luy ay fait plaisir iamais ne honneur que ie luy quit
te de ceste heure et sil ne fait encontre moy son deuoir ie le re
puteray cheualier de petite vertu. Quāt pierre eut ouy la re
spōce de son oncle il fut fort courouce et luy greua fort de iou
ster contre son oncle. Et pierre sen vint en signe de cheualier
encontre son oncle. mais affin que nul ne se aperceust en riēs
il se mist a la iouste/et quant vint a sapprocher Pierre portoit
sa lance en trauers et ne voulut nullement frapper son on-
cle. Et son oncle se frappa a sa poictrine et rompit sa lance et
tumba sur les arsons de la selle de son cheual sans ce que pi
erre bougast cōe se vne plume leust frappe/et le roy congneut
bien quil se faisoit par courtoisie et ne scauoit pas pourquoy
mais maguelonne scauoit bien pourquoy pierre faisoit cela.
Le second cop quilz retournerent a la iouste pierre fist ne pl⁹
ne moins quil auoit fait le premier coup. et son oncle se frap-
pa tellement que de son cop tumba a terre sans ce que pierre
bougast le pied de lestrier/pourquoy to⁹ se tenoiēt a vne gran
de merueille/et quant ledit messire iacques eut veu et bien cō
sidere en luy que le cheualier estoit de si grande force que seu
lement ne sauoit peu bouger et quil ne sauoit point voulu fra
per il en estoit tout esbahi et ne voulut plus retourner a la iou
ste/ne iamais il neust pēse que le cheualier fust pierre sō nep
ueu. Apres messire iacques vint a edouard de bourbon vail
lant et fort cheualier/mais du premier coup pierre se mist su

a son cheual par terre tellement quilz disoient tous que pier
re deuoit estre deuant noblesse/car il estoit vaillant et cour
tois en tous ses faitz/ et puis apres se bouta au champ ferrier
de montferrant et rompit sur pierre sa lance et pierre se frappa et
luy emporta son gardebras de lespaule senestre et labatit a ter
re.

Et pour se faire brief tous les cheualiers qui estoiēt demeu
rez furēt abbatuz de p̄ le cheualier des clerfz et lui demeura lō
neur du chāp. Et alors pierre leua son heaulme et vint deuāt le
roy et illecqs le roy p̄ le conseil de ses barōs fist crier par son he
rault q̄ le cheualier des clerfz auoit le pris et lōneur du chāp/
C.i.

ql auoit de trop mieulx fait pour lamour des dames q̃ tous les autres/dequoy la royne a sa belle fille maguelõne et ses autres dames a damoiselles sen remercierent grãdement/ a ainsi chascũ sen alla desarmer/mais le roy fist crier que chascũ vint disner a sa court a le roy ses remercia a festoia grandemẽt Et quãt pierre fut venu a eut fait sa reuerence au roy le roy sen alla courant vers luy a lẽbrassa et luy dist Mõ chier amy pierre ie vous remercie de lõneur q̃ vous maues faict au iourdhuy/ie puis biẽ dire quil ny a au iourdhuy/prince ne roy au monde qui en sa court apt meilleur cheualier ne plus courtoys que vous Et nest ia besoing que ie vous loue Car voz oeuures mesmes se tesmoignent et tous les cheualiers a princes qui sont en ceste compaignie. Je prie a dieu de paradis quil vous doint venir a ce que vostre cueur desire en croisement de biens a dhonneur/car vrayement vous en estes digne Grandement honnoura le roy en ce iour pierre a si firẽt tous les autres seigneurs car chascũ qui se pouoit tenir pour solace auecques luy estoit bien ioyeulx a grandemẽt content de luy Car ainsi ne se pouoient saouler de le regarder tãt estoit bel/car estoit bien fourny et hault de tous ses membres et sa chair estoit blanche comme lis; et ses yeulx vers a amoureux. ses cheueulx roux comme fin or Parquoy disoiẽt tous que dieu y auoit bien mis ses vertus et tous les autres hõmes prenoient grant plaisir en cestuy ieune cheualier/ car il estoit abise et hũble/a bonne estoit la mere qui auoit porte tant noble fruit. Cependant le roy noublya pas quil ne mãdast q̃rir tãtost ses medecins a les meilleurs quil eust pour mediciner lancesot qui estoit blesse merueilleusemẽt a ses medicins auecques laide de nostre seigneur mistrent telle diligẽce q̃ en eu de temps fut gueri et sain. Quinze iours tit le roy court

ouuerte pour l'onneur des princes q estoient venus & parloiêt
grandemêt de la vaillantise de pierre adoncques quant ma-
guelonne entendoit telles parolles de son amy pierre elle en
estoit moult ioyeuse sans faire nul semblant a personne.

¶Côme les prices retourneret courrouces q ilz ne scauoient
qui estoit le cheualier qui ainsi vaillâment sestoit porte

Jnies les ioustes chascun des cheualiers & prices
et barons retournerent en leur terre fort courrou-
cez/car ilz ne scauoient qui estoit ce vaillant & no-
ble cheualier qui si vaillamment sestoit porte & a-
uoit eu lhonneur de tant nobles & puissans cheualiers & se
merueillerent cômét nul ne sauoit sceu congnoistre et quât
ilz furent chascun en leurs pais ilz le louerent grandemêt/et
ne scauoient dire que si nô du cheualier des clefz. Apres q ce
bruit fut passe pierre alla vers maguelône/car longuemét ne
pouoient estre lung sans lautre. Et quant ilz furent ensem-
ble fort loua maguelonne pierre des vaillâces q l auoit faict
en cheualerie. Et pierre disoit que elle & sa beaute lui auoiêt
fait faire les vaillances quil auoit fait et que delle venoient
tous ses honneurs et non pas de lup. Quant ilz eurent asses
parle pour asseoir maguelonne lui dist. noble maguelôde ma
chiere & doulce amour vous scaues que iay este grant temps
que pour lamour de vous ie nay veu mon pere ne ma mere.
Pourquoy mampe ainsy comme vous estes cause de mô de-
moure ie vous prie quil vous plaise estre contente de moy re-
tout et de vostre grace me donneres congie sil vous plaist de
les aller veoir/car ie suis seur quilz ont grant douleur pour
moy et ie en fais côscience. Tout cecy disoit pierre pour veoir

sa contenance de maguelõne. Quãt elle eut entẽdu le parler de pierre ses larmes lui vindrent es yeulx τ tumboiẽt par sa doulce face τ sa couleur devint palle τ en souspirant τ plorant dist.

Certes mon chier amy pierre ce que vous dictes est biẽ raisonnable, car cest humaine chose que le filz soit subiect au pere et a la mere τ quil se garde de leur mesprẽdre en toutes manieres mais force est la chose dõt me semble que vous voules sentir de vrẽ so passe amy, laqlle sãs vo⁹ ne peut avoir bien ne repos en ce mõde, τ vo⁹ asseure se vous partes de moy q en brief vous aures nouvelles de ma mort. τ q pour lamour de

uous sera finie maguelōne pourquoy mō chier seigneur voꝰ prie q̄ me celles vostre departement car certes incontinēt que vous seres parti ie me mettray a chemin ⁊ scay biē que ne seray pas log̃ tēps sās mort et en seres cause/mais sil est necessite que voꝰ partes ie vous prye que nous allons ensemble.
¶ Cōment maguelōne ploit si piteusemēt a son amy pierre.
T quant pierre ouyt si piteusemēt parler maguelōne a peu que le cueur ne luy faillit et disoit. Ha maguelonne ma chiere amye ne vous dōnes plus de mesencolie car iay delibere de ne partir iamais de ce pays que nape veu la fin de nr̄e aduenture ⁊ aymeroye pluſt tost mourir que de vous laisser et sy voules venir auec moy ne vous doubtes/car en toute honnestete vous emeneray et garderay les iuremēs que aultresfoys vous ay faictz. Et lors quāt maguelonne entendit la bōne voulēte de pierre elle fut bien ioyeuse ⁊ dist/mon gētil seigneur ⁊ amy puys ql̄ est ainsy comme vous dicte ie cōseille que noꝰ noz en allons de brief ⁊ le plus secretement que nous pourrons pour deuꝰ raisons. La premiere si est car iay grant doubte que vous ne soies ennuye dattendre tant loguement ⁊ ay paour que en la fin vous nen soies desplaisant et vous en ires ⁊me laisseres Lautre si est que mon pere me veust marier et scay bien quil me feroit plus tost mourir que iamais me fist cōsentir a marier a autre que a vous Et pource mon tresdoulx amy ie vous prie que vous y mettes remede le plus brief que voꝰ pourres et que nous en allons ensemble/car icy iamais ne pourrons acomplir nostre desir/et certes iay mis en mon cueur que iamais ne vous lesseray et aussi voꝰ aues dit que vous me garderes en toute honnestete iusques a nostre mariage.

L.iii

Et adōc derechief sur les sainctes euangilles se sui iura et lui promist et entreprindrent que le tiers iour apres le pmier somme de nuyt deuoit estre leur partement et pierre deuoit estre tout prest de venir auecques ses cheuaulx a sa petite porte du iardin de maguelōne. Et maguelonne deuoit attendre Et suy pria quil eust bons cheuaulx et legiers qui allassant fort affin que plustost deussent saillir du pays de son pere disant ainsy· Incontinent quil sen aduisera croyes q̄ nous fera suyure/ et se parauenture estions prins ie auroye doubte quil nous fist mourir. Et ainsy print congie le noble Pierre de la belle maguelonne et suy pria quelle fust toute preste au iour et au lieu assigne. Et de cestuy conseil ne scauoit riens la nourrisse de maguelonne car elle ny estoit pas, aussi ne Voulsoit pas maguelonne quelle y fust/car bien pensoit quelle luy destourneroit son propos/et pource luy tint secret. Et adoncques pierre se partit et sen alla en son logis pour faire prouision de trois cheuaulx qui luy sembleroient a son aduis estre bien legiers pour cheuaucher et les fist tresbien ferrer et mettre en point

¶ Comment pierre emena la belle maguelonne.

Quant vint la nuyt ordonnee sur le premier somme pierre vint a la porte du iardin auecques ses trois cheuaulx. Et lung estoit charge de pain et de vin et de plusieurs autres viandes pour deux iours affin quilz nallassent point querir des viandes des hostelleries et trouua la belle maguelonne toute seule laquelle auoit pris dor et dargent ce q̄ bon luy sembloit et monta sur vne hacquenee dangleterre qui alloit moult bien et puis pierre monta sur son cheual qui estoit bien legier pour cheuaucher prestement toute sa nuyt sans descendre iusques au iour. Et quant le iour vit pierre se mist en vng boys bien espes deuers la mer affin qlz ne fussēt veuz de nully, quō ne peust auoir nouuelles deulx et quant ilz furent bien profōd dedēs le boys pierre descendit maguelone de dessus son cheual a terre et laissa aller les cheuaulx es champs et leur osta les brides affin quilz peussent menger et luy et sa belle maguelonne sen allerēt seoir sur la belle herbe a lombre et illec cōmencerēt a parler doulcemēt de leurs aduentures et prierēt tous deux bien de bō cueur qlles voulsist garder et mener a la fin de leur bon propos.

C iiii

Et ainsy quilz eurent beaucop passe maguelõne qui estoit
lasse et trauaillee de cheuaucher toute sa nupt et nauoit onq
domy et auoit grãt sõmeil et grant talent de dormir a mist sa
teste dedens le giron de sõ amy pierre a cõmenca a dormir.

Cõment la nourrisse vint en la chambre de maguelonne
la cuidant trouuer cõme elle auoit acoustume pour sa seruir
le matin.

E matin quant il fut grant iour la nourrisse vint
a la chãbre de maguelone et attendit grant piesse/
car elle cuidoit quelle dormist et a la fin quant el-
le veit que seure passoit se pensoit quelle fust ma-

lade si vint ou sict et ne la trouua point/mais se sict seul tout
faict e ny auoit signe que aucun eust dormy/incontinent pen
sa que elle e pierre sen estoient allez/si alla veoir au logis de
pierre sil y estoit et ne se trouua point. Adonc sa nourrisse cõ
menca a faire le plus grant duel du monde. Apres ce alla en
la chambre de sa royne et luy dist que elle nauoit point trou
ue maguelonne en sa chambre et ne scauoit ou elle estoit.
Et la royne entēdit la nourrisse et en fut fort esbahye e cour
roucee si la fist cercher par tout/tāt que ses nouuelles en vin
drent au roy e allerent dire q le cheualier des clerfz ne se trou
uoit point/e lors dist le roy que sans nulle faulte il sen auoit
menee. Et tātost le roy cõmāda que tous sarmassent e quilz
les allassent sercher equon luy amenast le cheualier des clerfz
tout vif/car il vouloit faire telle iustice q par tout le mõde sē
pleroit. Quāt ces cheualiers entendirēt le mādement du roy
ilz sen allerent armer et sen allerent les vngs dune part e les
autres de lautre part pour les cercher/et le roy e sa royne de
mouterēt tous desoles et sa court fut toute troublee especial
lement la royne qui se cuidoit desesperer e tant crioit e plou
roit/e puis le roy enuoya querir sa nourrisse e luy dist Nour
risse il ne peut pas estre que tu ne saches trestout cestuy faict
mieulx que persōne qui soit Et sa poure nourrisse a genoux
plourant disoit Sire se Vostre treshaulte maieste peust trou
uer q ie en soye consentāt de cestuy fait ie suis cõtente de mo
rir de la plus cruelle mort que Vostre court saura diuiser/car
incõtinent q lay sceu ie lay dit a madame la royne e le roy sen
entra en sa chambre/e de tout cestuy iour ne beut ne mengea
Grant pitie aussy estoit a veoir la douleur de la royne et des
aultres dames e damoiselles e de ceulx de lostel e par toute
la cite de naples ses cheualiers si allerēt cercher dung coste e

d'aultre ou ilz pourroient ouyr nouuelles/ mais ilz ne peurent ouyr aucune chose. Et les vngs tournoient au bout de .x. iours et les aultres de .xv. sans riens trouuer dont le roy fut plus courrouce. Or laissons a parler du roy & retournons a maguelonne laquelle estoit au boys dormant

Coment maguelõne dormoit ou giron de son amy pierre et comment il prenoit plaisir a regarder sa beaulte dont en la fin fut courrouce comme cy apres ouyres.

Durmãt maguelõe ou girõ de pierre cõe dessus est dit/ le gentil pierre delectoit tout son cueur a aduiser sa merueilleuse beaulte de sa dame. Et quãt il auoit a:ẽple sõ plaisãt & beau visage & aduise celle petite bouche & vermeille il ne se sauoit saouler de la regarder de plus en plus et aussi ne se pouoit tenir de la despoictriner et regarder & aduiser sa tresbelle poictrine qui estoit plus blanche que cristal a la veoir & tastoit ses doulces mamelles et en ce faisãt estoit tout raui damours qͥ luy sẽbloit qͥl estoit en padis & q iamais chose ne luy pouoit nuyre ne desfortune ne lui deuoit aduenir/ mais ceste plaisãce ne luy dura gueres pour lors/ car il souffrit sa pl⁹ estimable douleur et peine cõe vo⁹ oires q iamais on peut cõsiderer/ & la doulce maguelonne nẽy fut pas quitte car apres eut asses a souffrir. Dõt quãt pierre regardoit et tastoit ainsi sa belle maguelõe il trouua vng sendal rouge q estoit ployé/ & pierre eut grãt talent de scauoir q cestoit de bes & comenca a desployer celluy sendal & dedens il trouua les trois aneaulx de sa mere les qͥl; il luy auoit dõnez & elle les gardoit de bõne amour. Et quãt pierre les eut venz il les ploia & ses mist illec qͥs pres de luy sur vne pierre & tourna ses yeulx a regarder sa nõ pareille beaulte de maguelonne & sur toutes choses du monde luy plaisoit & illec il estoit quasi

trāsi damours ā de plaisir tellemēt q̄ luy sēbloit quil estoit en
padis/mais nostre seigneur mōstra q̄ en cestuy mōde na plai
sir sās douleur ne felicite pfaicte Si trāsmist vng oisel vivāt
de rapine cuidāt en soy que le sendal rouge fust vne piece de
chair si vint volant z print ledit sendal z sen alla atout

¶Coment pierre cōmenca a suivre soy seau z a getter des pi
erres tant quil luy fist laisser le sendal.

Dant pierre veit ce il fut courroucé en soy pensāt q̄
maguelonne en seroit fort desplaisante a laq̄lle il
vouloit mieulx cōplaire q̄ a persōne du monde. Il
mist son manteau soubz sa teste de magueslone z se
leua tout bellemēt sans ce q̄ maguelōe en ouist ne sceust riēs
z cōmēca a suyure cestui oyseau moult asprement z gettoit des
pierres tant que lui fist laisser ce q̄l auoit dedens le bec, z a a
uoit vne petite roche bien pres de terre toutesfois entre lui et
la roche auoit grant foison deaue et nul ne pouoit passer sās
bateau z cestuy oyseau sen alla poser sur ceste roche z pierre
lui gecta vng caillou tāt q̄ loyseau sen alla et laissa illec tum
ber dedēs la mer ce sendal, z pierre ne pouoit passer/car il ne
scauoit point nouer. Nonobstant q̄l ny auoit pas grāde espa
ce z cōmenca a cercher de ca et de la sil pourroit riens trouuer
en quoy il peust passer pour aller iusques au roch pour le q̄rir
mais dist pierre pleust a dieu q̄ neussies bouge les anneaulx
ne le sendal de la ou vous les prinstes ou neussies plus cure
deulx/car ilz vous feront chiers vendus et plus aussy a ma
guelōne/z si demeures grant temps a retourner maguelōne
vous cerchera z ainsi pierre cerchoit p la riue de la mer z trou
ua vne petite barque vieille que les pescheurs auoiēt laissee
pourtāt q̄lle ne valoit riēs/z pierre se bouta dedēs z en fut biē
ioieulx/mais peu luy dura sa ioieuseté z print des bastōs qua

uoit cueilli & alla deuers la roche/mais dieu q̃ fait toutes les choses a sõ plaisir fist leuer vng grãt vent froit & fort deuers la terre q̃ transporta pierre oustre sa voulẽte et sa barq̃ fut dedẽs la mer en peu d'heure/& la peine et le trauail q̃ pierre de prouẽce faisoit sur la mer/& sur la barq̃ ne valoit riẽs/ car la mer estoit haulte et pfonde & ne pouoit aduenir a la terre & le vẽt se trãsportoit voulsist ou nõ Et quãt il veit q̃l se sloignoit de la terre sãs ce q̃l y eust aucũ remede. Et cõsiderãt q̃l estoit en sy tres grant peril de mort/& aussi q̃l laissoit sa belle maguelõne q̃ il aymoit mieux q̃ soy mesmes toute seule au boys dormãt & pẽsoit quelle mourroit de male mort &desesperee de tout secours/de tout cõseil/& de toute aide. si fut en ppos de soy getter dedẽs la mer Car sõ noble cueur ne pouoit plus souffrir le grant dueil q̃l auoit Toutesfois cestui q̃ eschape les psones p grãdes aduersites &tribulaciõs en cestui monde & les veult gaigner/paciẽce ne vouloit pas q̃l pdist ainsy le corps & lame Mais ainsi cõe il estoit vray catholiq̃ incõtinẽt se alla reprendre et se retourna aux armes de vraye pfiãce C'est assauoir a dieu & a sa glorieuse vierge marie/& cõmẽca a dire en soy mesmes/maulvais q̃ ie suis Pourquoy ie me vueil tuer q̃ suis ia sy pres de la mort q̃ a moy court pour me pẽdre &ne fault ia q̃ ie la cerche O glorieux dieu tout puissãt O glorieuse vierge marie vueilles moy pdõner mes faultes &mes pechés car cõtre voꝰ seigneur dieu iay tres grãdemẽt mespris peché & offẽse & tellemẽt q̃ ie suis digne de souffrir ceste dure mort & cẽt fois plus ãgoisseuse/aussi mõ dieu suis ptẽt de la souffrir & de ne plus viure &la souffreroie &cores de meilleur cueur se ie scavoie q̃ ma loyalle ampe &espouse ne souffrist doulseur ne mal mais ce ne peut estre Hee doulce maguelõne noble fille de roy cõmẽt souffrera& endurera vostre corps tãt delicieuse courtoi se et amiable persõne de vo9 trouuer ainsy demource seulette sans estre acompaignie en cestuy bois. Helas ne suis ie pas bien faulx et desloyal de ainsy vo9 auoir gecte hors de lostel de vrē pere et mere ou vous esties tenue tāt chierement/ las ma noble dame et espouse or suis ie mort car iamais eschapper ne pourroye de ce peril/ parquoy de moy est petite chose et vous estes morte parquoy est grant dõmaige/ car vrayement vous estes la plus belle du mõde. O glorieuse vierge marie treshũblemēt a vo9 la recõmāde q̃ la vueilles garder de mal et de deshõneur. Do9 dame scaues q̃ en nrē amour na eu vou lēte deshordõnee ne de shõneste. Pource plaise vo9 tresnoble vierge et digne aisi cõe esse auoit noble ppos et voulēte vous dame q̃ estes nette et pure plus q̃ creature q̃ nostreseigr̃ crea lui secourir et aide q̃lle ne puisse perir cõe ville creature et que mon ame viengne a salutaciõ p̃ vostre pitie et misericorde. O doulce maguesōne iamais ne me veres ne moy vous. Nostre amour et nostre mariage a biē peu dure q̃ pleust a dieu q̃ ie fus se mort passe a deux iours et q̃ vous fussies manitenāt a los stel de vostre pere Et ainsi lamētoit et plouroit le noble pierre plaignāt et doubtāt plus le peril de la doulce maguesõne q̃ sa ppre mort Et estoit assis au meillieu de sa barque et attēdit q̃ la mer le print/ car la barq̃ alloit sãs gouuernemēt ou les ondes laportoiēt et si auoit asses deaue dedens tant q̃l estoit tout mousslie. Et en cestuy peril demoura pierre de puys le matin iusq̃s a midi Puis vit vne nauire de mores cursaires q̃ veirēt ce ieune cheualier q̃ aloit tout seul a labādon en celle barque si le allerent prendre et se bouterēt en leur nef/ mais pierre de douleur estoit demy mort et apeine se congnoissoit ne ne scauoit ou il estoit.

Quant le patron se veit si beau et si richement abil-
lée il en eut grant ioye et pensa quil en feroit present
au Soubdan si nagerent tant par leurs iourne-
es quilz arriuerent en Alixandrie et si tost quilz y
furent le patron se presenta au soubdan. Et quant le soub-
dan le veit si beau il en eut grant ioye Et en mercia le patron
Pierre portoit tousiours la cheyne au col q̃ maguelõne lui a-
uoit baillée et pource sembloit au soubdã q̃ estoit de noblesse
descendu/si lui fist demãder par ung truchement sil scauoit
seruir en sale/et il dist que oup. Et le soubdan luy fist appren
dre la maniere Et le doulx pierre se faisoit mieulx au plaisir
du soubdan q̃ ceulx qui se seruoient/et nostre seignr̃ ihesucrist
luy dõna cueur et bon sente dayme celluy ieune cheualier pi
erre Et tãt laymoit le soubdan cõe sil eust este son propre filz
Et pierre ny eut pas este ung an entier que par son noble et
subtil engin il sceut pler le more et le grec et estoit tant doulx
et tant anuable a tous que tous laimoient autant que sil eust
este leur propre filz ou leur frere et estoit pierre gentil en toutes
abilletes/en force nauoit son pareil en la court du Soubdan
pource laymoient ilz encores plus fort et tãt q̃ tout ce que se fay
soit en la court du soubdan ne se faisoit si non par luy et tous
ceulx q̃ auoient a besoigner au soubdan venoiẽt a pierre et p̃
son moyen obtenoient ce qlz demandoiẽt/en cestuy honneur es
toit le noble pierre en la court du soubdã mais iamais ne se
pouoit resiouyr mais continuellement auoit le cueur dolent.
en pensãt a son ampe maguelonne et a quelle fin pouoit estre
venue et qlz eust mieulx voulu qlz fust noie en la mer. Car
aumoins ses doulceurs fussent finees. Ainsi pensoit en sa tri
ste vie pierre entre les gens de mores sans faire nul semblãt
Nonobstant que son cueur fust tousiours a dieu et a la sainte

foy catholique dont souuent prioit dieu en plourãt que puis
quil auoit fait eschpaper de peril de mer que il luy laissast pre
dre deuotemẽt le sacrement de mariage auant quil mourust
et plusieurs aulmosnes faisoit pierre aux poures de iesucrist
pour lamour de maguelonne affin que dieu lui aidast. Or
laissons a parler de pierre/car bien nous y trouuerons.

¶ Comment maguelonne dormit sur le mãteau de pierre son
loyal amy dedẽs le boys et cõment quant elle se resueilla elle
se treuua seule.

Dant maguelõne eut dormy a sõ plaisir qui auoit
fort trauaille et veille selon sa coustũe elle se res-
ueilla et pẽsoit estre pres de son douly amy pierre et
cuidoit tenir sa teste en son giron et elle se leua tout
seãt et dist Mon douly amy iay fort dormy et croy que vous ay
fort ennuye. Et elle regardãt enuiron delle ne veit riens et el
se se leua disleche et fut toute esbaie et commenca a soner pierre
a haulte voix pmy le bois et nul ne luy respõdit riẽs quant el-
le veit quelle ne pouoit poit en lieu a peu quelle ne saillit hors
de son sens et cõmenca bien fort a plourer et aller pmy le boys
criant son amy pierre tant fort quelle pouoit crier. quant elle
eut beaucop crie et cerche deuint toute enrouee a force de crier
et cõmenca a forcener et luy vint tant de grãt douleur a sa te-
ste et a son cueur quelle cuida mourir et tũba a terre toute pas-
mee comme se elle fust morte ou elle demeura vne grant pie
ce. Et apõ quant elle fut reuenue elle sassist et commenca a fai
re ses plus piteux plains q iamais hõe ouyt et disoit. Hee mõ
amy pierre mamour et mon esperance et ou vous ay ie perdu
Pourquoy mon desire vous estes separe de vostre loyalle cõ
paignie et ia vous scaues q sans vous ie ponoye viure en lo-
stel de mõ pere iauoye tous les plaisirs du mõde. Helas com

ment poues vous penser que ie puisse viure en ce lieu desert
& sauluaige. Helas mon gētil seignr en quel erreur vo9 estes
vous mis de moy laisser ainsi seulette en cestuy bocaige ou qt
ie mourray de cruelle mort Helas q̃ vous ay ie mesfaict qua
ues tire ma psonne de lostel de mō pere le roy de naples pour
faire morir de doleur q̃ me mōstries si grāt signe damour He
las mō dousy amy pierre aues vous veu en moy chose q̃ vo9
ait desplu certes se ie me suis trop declaree a vo9 ie lay fait
pour lamour de vous/car iamais hōme ne me entra si fort en
mon cueur cōe vous esties Hee noble pierre/ou est vostre no
blesse/ou est vostre noble cueur/ou sōt les sermēs & les pmes
ses de vous certes vous estes le plus cruel hōe q̃ iamais nas
quit de mer. Nonobstant q̃ mō cueur ne peut nul mal dire de
vous. Helas q̃ pourray ie plus faire pour vous certes vous
estes le secōd iason & ie suis la secōde medee & ainsi cōme dese
speree alloit parmy le bois cerchant Pierre & vint au lieu ou
estoiēt les cheuaulx & quāt elle les veit tous trops elle pmen
ca a renouueller ses plains & dist Certes mon dousy amy pi
erre vous en voz en estes pas asse de vostre vouloete or en suis
ie bien seure. Helas mō feal amāt & ie mauuaise vous ay tāt
blasme dont mon cueur est dolant iusqs a la mort & isse peut
estre ceste aduenture q̃ nous a ainsi separes/et se vous estes
mort pourquoy ne suis ie morte auecques vo9/certes iamais
a poure fille naduint si grande tristesse ne dōmaige ne maul
uaise desfortune. Ha fortūe tu ne cōmēces pas maintenāt de
poursuiure les bons & les loyaulx & plus haultes psōnes sōt
& plus tu te cōbas a elles. Hee glorieuse vierge marie q̃ estes
lumiere de consolaciō & des desolees vous plaise de dōner a ce
ste poure et vraye pucelle aulcun confort et gardes moy da
me mon sens et mō entendemēt q̃ ne perde mon corps et mon

ame laisses moy pour doulcement veoir deuāt q̄ ie meure mō sei
gneur et mō mari Helas se peusse scauoir ou il est et fust il au
bout du monde ie le suiuroie Sans faulte ie croy que ceste tri
bulacion nous a donne le mauuais esperit pource que nostre
amour na pas este desordonnees et corrompue et nauons vou
lu consentir a ses mauuais faictz ne aussi a ses temptations.
Et ie croy que pour cecy sen a emporte en quelq̄ estrāge païs
pour oster son plaisir et le mien. Et semblables parolles dy
soit la belle maguelonne en soy complaignant de sa deffortu
ne et de son amy pierre et puis alloit et venoit dung coste et dau
tre par le bois cōme fēme desolee et escoutoit se elle pourropt
tiens ou pres ne loing. Et puys monta sur les arbres pour
scauoir selle pourroit riens entendre et ne veit riens du mōde
si non les bois du port qui estoient bien ramez et bien espez et
dautre part veoit la mer longue et parfonde Ainsy demoura
la poure maguelonne toute doulente tout cestuy iour sās boi
re et sans menger. Et quant vint celle nupt elle cercha vng
gros arbre sur quoy a grant peine monta et illec demoura tou
te la nupt et ne reposa ne dormit pource que les bestes saul
uaiges ne la deuorassent/ mais vne foys pensoit que pouoyt
estre deuenu son doulx amy pierre/ et puis pēsoit quelle pour
roit faire ne ou aller/ car bien pposoit en son cueur q̄ iamays
ne retourneroit a lostel de son pere selle se pouoit garder nul
lement du monde Car elle craignoit la fureur de son pere et
de sa mere. et conclud en son daller cercher son doulx et loyal
amy pierre par le monde.

Comment maguelonne destendit de dessus larbre et vit
au lieu la ou estoient ses cheuaulx pecques liez et elle les deslia

D.i

Quant vint le jour elle descendit de dessus sa brez
Vit au lieu la ou estoient ses cheuaulx qui estoiēt
encores liez et elle les deslia en plourant et en di-
sant. Ainsi comme ie pēse que vostre seigneur est
perdu et pour moy va errant par le monde/ainsi veulx que
vous en alles courant le mōde et la ou vous vouldres aseur
seua ses brides et les laissa aller et courir puy ses boys la ou
ilz vouldroient aller. Et apres se mist a chemin par les boys
tant quelle trouua le grāt chemin q alloit a rome. Et quāt el
le se veit au chemin elle se retourna prestemēt dedēs le bois et
cercha vng lieu qui estoit hault et rame dedēs ses aibres et se
bouta dedens/et d'sec veoit ses allans et ses venās et nussy ne
le pouoit veoir Elle demeurant en ceste maniere dedens le-
dit bois elle veit venir vne pelerine et la sonna et la pelerine
vint a elle et luy demanda quil luy plaisoit. Et elle dist et pria
a la pelerine quelle luy donnast sa robe et ses abillemēs et ql'
le print les siens et la pelerine ne pensoit pas quelle fust tou-
te seule au boys et pēsa quelle se truffast delle et luy dist. Ma
dame se vous estes bien vestue et aournee ne vo' deues poit
truffer des poures de ihūcrist/car icelle belle robe vous pare
le corps et ceste miēne me seruira a lame se dieu plaist Et ma
guelōne luy dist Ma chiere seur ie vous prie que ne se tenes a
desplaisir car ie le dy de bon cueur et de bōne voulente et plai-
se vous q nous changons de robes. Quāt sa pelerine veit q'
le se disoit de bon cueur se print a despouiller et luy dōna la sie-
ne. Ainsi se atourna maguelōne des vestemēs de sa pelerine
que a peine luy veoit on riens du visaige et ce qui se veoit elle
se souilla de sa saliue auec de la terre.

Cōment maguelōne vint a rome auecques cest abillemē
et cōment elle sen vint faire sa deuocion par deuant lautel de

monseigneur saint pierre a romme

Dec cest abilement se mist maguelonne a chemin
droit a rome et tant alla p ses iournees quelle vit
a rome et incontinent quelle fut arriuee sen alla a
leglise de saint pierre et illec deuant lautel maiour
elle se mist a genoulx en plourant et gemissant et commenca
a faire sō araisō en ceste maniere Haa dieu glorieux dieu sei
gneur ihūcrist q par voftre pitie maues cōstituee en grāt plai
sir. et aussi voꝰ qui maues acōpaignee auec le plus noble che
ualier du monde lequel iamoye mieulx que tous les aultres
et maintenāt a la vr̄e incōparable puissance a pleu que soyons
separes lung de lautre par aduenture seigneur dieu cest p no
stre peche/car nous sōmes pecheurs Toutesfoys sire dieu il
me sēble que ne me le deuies point dōner pour le moy oster si
villainement pourquoy ie vous prie et supplie tāt hūblemēt
et affectueusemēt et a la voftre humanite par laquelle sire di
eu estoies sēblable a nous sans nul peche Et p la voftre cle
mence pitie et misericorde qil vous vienne a gre et que ce soit le
voftre et bien eure plaisir et consente sil est possible me rendre
mon bon cheualier et amy pierre auqꝓ p voftre doulceur et gra
ce iestoie noblement mariee Helas doulce vierge marie me
re q ētre toutes les fēmes aues merite dauoir ce doulx nō vier
ge et mere q estes cōseilliere des desolees/plaise vous consoler
ceste poure pucelle. Ie retourne a vous de bon cueur et de bō
ne voulēte que ie ne voise ainsi p due et desolee p le mōde Hee
monseigneur sait pierre qui aues este lieutenāt de ihesucrist
en la terre plaise vous garder et deffendre de tout mal mon
tresdoulx et loyal amy pierre que pour lamour de vr̄e signe et
voftre nom en tous ses faitz vous a premier eu en hōneur et

D.ii

deuocion. Et se il est dismettez se en chemin q̃l puisse benir a moy, z moy a luy, z que nous puissons en paix acheuer se demourant de nostre bie en loial mariage cõ nous nos en allõs ainsi perdus lui et moy p se monde et nostre amour ne se pde ainsi billainemẽt z bueilles prier nostre seigneur p bre benignite pour nous, z quant son oraison fut acheuee elle se seua z boulsoit asser en sõ logis, z quãt elle fut esse seuee beit ītrer son oncse dedãs seglise cessui q̃ estoit frere de sa mere en grãt hõneur et cõpaignie de gẽs q̃ sa cerchoiẽt dont esse fut moust esbahie z eut paour/ mais nẽ tindrẽt riẽs conte car il ny auoit nul qui sa sceust cgnoistre auecques cest abissemẽt z cõe pelerine sen assa en sospital ou elle demoura quize iours cõme poure peserine Et chascũ iour sen assoit a seglise de sainct pierre faire son oraison en grãt plour z en grãt douleur de courage q̃ nostre seigneur suy bousist rẽdre sõ amy pierre. Et estãt illec suy bint bne bousente daller au pays de prouence pẽsãt q̃ parabuenture auroit plustost nouuelles de cessui q̃ tãt desiroit q̃ aultre part, z de fait se mist au chemin et chemina tant q̃sse arriua en sa cite de genes. Et quant elle fut a genes elle sen assa informer du chemin de puẽce seq̃l estoit le psus brief q̃ sui fut dit q̃sse yroit p mer plus brief z psus seur. Et ainsi q̃ esse assoit au port esse trouua bne barq̃ pste de partir saquesse assoit en aigues mortee/ z esse fist marche auec le patrõ sy se mist dedens. Et tant nagerent par seurs iournees que dedẽs peu de tẽps prindrent port en aigues mortes. Et bn iour esse assoit par sa bisse cõme bne poure peserine et bne bõne dame sappessa z sa mist en son hostel pour samour de dieu, z mengerent et beurent cessuy iour ensẽble/ z fort interrogoit cesse dame maquesõe de ses peserinages. Adont esse respõdit quesse benoit de gaigner se peserinage de rõme Et sa dousce mague sonne la interrogua des condicions de cellui pays et se les estrangiers y pouoient aller seuremẽt. Et la dame oyt quelle sinterrogoit du pays si luy dist Saches pelerine que nous auons icy vng seigneur lequel est seigneur de ce pays de prouence et dicy en arragon et se nomme le conte de prouence et est grant seigneur ⁊ puissant lequel tient sa terre en grãt seurete si que iamais personne noupt dire quil fist desplaisir a ψsonne du monde. Car il faict cõmãder seurete et iustice en sõ pais/et luy et la contesse sa femme sont sy gracieux a poures gens que merueilles/mais sont courrouces grandemẽt ⁊ doulses et si sõmes tous ses subiectz pour le plus noble cheualier du mõde leur filz qui est appelle pierre/car bien pres de deux ans a quil se partit deulx pour aller cercher cheualier ⁊ faire faictz darmes par le monde ⁊ depuis nen ourent nulles nouelles et se doubtent quil ne soit mort ou ãlque grant dõmaige luy soit aduenu dont seroit grant dõmaige. Et cõmẽca a dire ses biens ⁊ noblesse et les grandes vertus qui estoient en ce ieune cheualier Quant maguelonne oupt ses grãs biẽs qui estoient au conte et a la cõtesse et que pierre ny estoit pas venu elle cõgneut ⁊ apperceut q̃ pierre certainemẽt ne sauoit point laissee voulentiers et que q̃lque male aduenture les auoit separes. Et de cõpassion de luy cõmẽca a plourer. Et la bõne dame pensoit quelle pleuroit de pitie de ce quelle luy auoit dit dont elle layma mieulx et la fist dormir celle nupt auec elle.

Comment maguelonne se mist sur vng port sarrazin a seruir les poures en vng hospital en attendant nouuelles de son amy pierre.

Elle nupt maguelõne se mist au cueur puis q̃ pierre nestoit illec q̃lle se mist en q̃lque lieu deuot pour seruir dieu en quoy elle peust mieulx garder sa vir

D iii

ginite/attendāt sil plaisoit a dieu que elle peust ouyr aulcunes nouuelles de son amy pierre/ car bien pensoit q̃ illec plustost en orroit nouuelles que en lieu du monde/ z comenca soy ĩformer se ou pais auoit aucun lieu deuoit on elle peust bien seruir dieu Et la bōne dame luy dist que pres d'illec estoit sisse du port sarrazin ou toutes fustes marchādes arriuoiēt esquelles

venoient de grādes multitudes de gens malades et madāe sonne alla aduiser le lieu et luy pleut fort/et de largent quelle auoit fist bastir vne petite eglise et vng petit hospital ou elle fist trois litz et emprès de lospital fist bastir vne petite eglise auec vng autel laquelle elle fist appeller sainct Pierre

en reuerence de son amy pierre et son ampe maguelonne. Et
quāt leglise et lospital furent acheuez maguesōne se mist en
grant deuociō aseruir les malades et faisoit tresaspre vie tāt
q̄ toutes gēs de lisle et de la enuiron la tenoient saincte et la nō
moient la saincte peserine et y portoient de grandes offrandes
tant que la femme du conte fut en grant deuocion, et le conte
aussy. Et vng iour ilz vindrent visiter ceste eglise et hospital
et veirent la maniere de ceste hospitaliere, et disoient le conte
et la cōtesse que sās faulte elle deuoit estre vne saincte persō-
ne. Lospitaliere cōme bien aprise et cōe celle qui biē se scauoit
faire sen alla presenter au conte et a la contesse et leur fist hon-
neur et se recōmanda a leur grace. Et la contesse print grant
plaisir aux cōtenances de lospitaliere et a ses paroles et aussi
le conte. Toutesfoys la contesse la tira a part et parlerent de
beaucop de choses tant que la cōtesse luy cōpta cōmēt elle e-
stoit dousente de son filz et ploura fort auec elle et maguesōne
la cōfortoit en douces parolles. nonobstant q̄ maguelōe eust
plus grant besoing destre confortee. Toutesfois la contesse
se tenoit fort contente et apaisee des parolles que lui auoit di-
ctes lospitaliere et lui pria quelle lalast veoir souuēt pour luy
donner alegance, car grant plaisir auoit prins a ses parolles
et que toutes les choses qui lui feroient besoing quelle les de-
mandast a lostel. Et lui pria quelle voulsist prier dieu et saint
pierre que il luy voulsist enuoier quelques bōnes nouuelles
de son filz, et tout ce luy promist lospitaliere et quelle se feroit
a son plaisir de bon cueur. Et ainsi le conte et la contesse alle-
rent a leur hostel et maguelonne demoura en lospital auecq̄
ses malades faisant penitance

Cōment les pescheurs de ceste cōtree vng iour en peschāt

D.iiii.

prindrent ung beau poisson appellé seu, et pour la beaulté de
luy se donnerent au conte.
　Ng iour aduint que les pescheurs de celle contree
peschant en la mer prindrent ung poisson appellé
seu. Et pour la beaulté de luy se donnerent au cõte
et a la contesse lesquelz remercierent fort les pes-
cheurs de leur poissõ. Et si comme aulcũs des seruiteurs du
conte la doubioent en la cuisine ilz trouuerent ou ventre de ce-
luy poisson ung sendal rouge en façon dune petite pellotte.
Et quãt ilz veirent cela une des chãbericres se print & se por
ta a la gtesse et luy dist/madãe nous auõs trouue cecy dedẽs
le poissõ & la cõtesse se print et le despouilla de sa propre main
& trouua les trois aneaulx quelle auoit dõnez a son filz quãt
il se partit delle Et quãt elle les eut aduises elle les cõgneut
& cõmẽca a plourer & mener le plus grant dueil du mõde & dist
Helas seigneur dieu or suis ie seure q̃ mõ filz est mort/or suis
ie hors de toute esperance de non iamais le veoir O dieu sei-
gneur & q̃l mal auoit fait ceste innocẽte creature q̃ les poissõs
aient mengé la chair. Et quãt la contesse crioit ainsy & deme
noit grãt dueil le conte vint. Et quãt il ouyt la clameur q̃ fai
soit la contesse fut fort esbahy & demãda que cestoit/& entra de
dens la chãbre de la contesse/& la contesse luy cõmenca a dire
en plourant Helas helas une creature irraisõnable & sãs en-
tẽdemẽt nous apporte nouuelles tãt tristes de nostre filz pier
re quon pourroit estre au mõde plus. Et luy cõmenca a racon
pter cõment ilz auoient trouue ou ventre du poissõ cestuy sen
dal en quoy estoiẽt ployes les trois aneaulx q̃lle luy auoit dõ-
nes quãt il se alla & les mõstra au cõte/& quãt le cõte les veit
il les cõgneut incõtinent & fut moult fort doulẽt & mist sa teste
sur le lict & plora bien par lespace de demye heure Et aps cõ

hõe vertueulx e de grãt sagesse il se leua e se vint recõforter la cõtesse e lui dist en ceste maniere Sachés noble dame que cestuy filz nestoit pas nostre ains estoit de dieu e de sa grace se nous auoit presté pour nous donner aulcũ plaisir e maintenãt luy a pleu den faire a sa voulẽte cõe de sa ppre chose parquoy ne moy ne vous ne deuõs point nous courroucer/ pourquoy ie vous prie treshumblement que ceste douleur vous cesse et loués nostre seigneur ihesucrist de ce quil vous a enuoye. Et se vous le faictes vous feres plaisir a dieu e a moy. Et ĩ cõtinẽt il alla cõmãder quon abatist la tapisserie du palais/ et quõ se fournist tout de draps noiers e quõ fist ecourtier lostel de dras de douleurs e tous ceulx de sa terre firent dueil

A contesse aucuns iours apres eut voulenté daller visiter leglise de sainct pierre de maguelonne et la saincte hospitaliere et luy compta sa defforo tune. Et elle eut faicte son oraison a mõseigneur sainct pierre elle print lospitaliere par sa main et se entrerent toutes deux dedẽs son oratoire en souspirant et la cõtesse luy compta tout son faict et que maintenant estoit hors de toute esperance de non veoir iamais son filz.

Quant maguelonne entẽdit toutes ses paroles elle cõmẽce fort a plourer auecqs la contesse et luy dist. Madame ie vous prie que se vous aués yceulx aneaulx que les me mõstres sil vous plaist et la contesses les tira hors et les luy bailla et quant Maguelonne les veit elle les congneut bien et a peu que le cueur ne luy partoit de douleur. Toutesfois cõe vertueuse fille et saige soy confiant en nostre seigneur et en sainct pierre luy disoit. Madame vous ne vous deués point descõforter/ car les choses qui ne sont certaies tousiours les doibt on auoir en esperãce cõbien que ce soient les aneaulx ĩ vous donnastes a vostre filz bien peut estre quil les a perdus ou les a donnes a quelque aultre persōne. Pourquoy madame ie vous prie que ne menes plus ceste douleur e feres grāt bien a vo9 et a monseigneur le conte/car vous sup engregies ses douleurs toutes les foys quil vous voit doulente/mais retournes vo9 de bon cueur a dieu e le mercies de toutes choses/ainsy confortoit la belle maguelonne sa contesse le mieulx quelle pouoit nōobstāt que sa douleur nestoit pas moindre que celle de sa contesse e auoit bien besoing destre reforcee cōe elle. Toutesfois la contesse fist de grās dons a lospitale re affin quelle priast dieu pour lame de son filz sil estoit mort/ ou quil luy enuoiast bōnes nouuelles et par ainsy la contesse sen alla a maguelonne demoura moult triste et doulente e se mist a genoulx deuant lautel de sainct pierre en priant dieu e le prince des apostres qui se voulsist conduire a sauluemēt entre ses amys sil estoit vif/e sil estoit mort quil voulsist auoir mercy de luy Ainsy maguelonne longuement fist ceste oraison Or laissons a parler du conte et de sa cōtesse et de maguelonne et retournons a pierre qui estoit en la court du soubdā.

¶Comment pierre demoura en la court du soubdā lōg tēps et pour son grant sens gouuerna le soubdan et tout son pays

Demourāt donc pierre en la court du soubdā de babilonne tousiours croissant en la grace de luy autant que se il fust son filz / car il nauoit ne bien ne ioye si non quil eust pierre pres de soy / et pierre auoit tousiours son cueur a maguelonne / Car il ne scauoyt a quelle fin estoit deuenue Et proposa quil demanderoit congie dasser veoir son pere et sa mere. e vng iour que le soubdā faisoit vne grant feste et que il estoit fort ioyeux donnoit grans donoʒ faisoit grace a plusieurs gēs/pierre se mist a genoulx et luy dist Sire iay este longuement a Vostre court et par vostre grace maues octroye de grans dons que Vous ay demandes pour autres ꞇ iamais sire pour moy Vostre seruiteur nay riens demādé Pource vous vueil supplier vne chose sil vous plaist de la moy octroyer. Et quant le soubdan veit pierre sy humblement supplier luy dist Chier pierre ie tamayes ne tay dit de non de nulle chose que mayes pryepense que pour toy plustost sobtiēdras de meilleur cueur pource demande ce que tu vouldras car il est octroye.

Pierre fut moult cōtent de la promesse que luy fist le soubdan et luy dist. Seigneur ie demande quil vous plaise moy dōner cōgie daller veoir mon pere ꞇ ma mere mes parens et amys. car depuis que ie suis venu en vostre court on na eu nouuelles de moy pource vous plaise de vous liberalement contenter de mon departement/car il sera a moy plaisant ꞇ a mon pere et a ma mere. Quant le soubdan ouyt la demande de pierre il fut mal content et luy dist. Chier et amy que ton partemēt demeure/car tu ne peulx aller en lieu ou tu soies plus aise que auec moy et ne trouueras amy ne parens qui plus te face de biēs/car ie te feray le maieur de ma terre apres moy/ꞇ scaiches seurement se ieusse sceu q̄ ce eust este ta demāde pas ne te leusse octroye puis quil test octroye ie te donne congie se tu ten veulx aller y ten mais tu me promettras que quant tu auras visite tes parens et amis tu ten reuiendras a moy/et se tu le fais tu feras que saige. Et pierre luy promist que quāt il auroit visite son pere et sa mere il retourneroit Adonc fist faire le soubdā ung mandement a pierre que par tout la ou il passeroit en terre de mores que on lui fist autant de plaisir & honneur cõme a luy propre et quon se pourueust de tout ce qui lui feroit mestier. Et auec ce soudan luy donna or et argent a grant foison et plusieurs autres iopaus. Et pierre print congie du soubdan Et quant il sen partit chascun se plaignoit et sen vint en alexandrie et quant il y fut il monstra sa lettre a l'admiral du soubdan lequel incontinent fist grant honneur a pierre et se mena en ung bel hostel qui bien estoit fourny de richesses et de garnemens. Et la il se proueut de tout ce qui luy estoit necessaire. Et le tresor qu'il eut du soubdan il se fist mettre en quatorze barilz qestoient aux deux boutz pleis de sel & l'or au meillieu Et quãt ilz furẽt mis a point pierre trouua par aduenture q̃ au port auoit une nef de prouẽce laqlle estoit toute preste de partir Et pierre parla auec le patron & dist que sil estoit sõ plaisir q̃ voulentiers vouldroit partir auec luy pour venir au pays de prouence & vouloit porter quatorze barilz de sel pour donner a ung hospital Quant il ouyt la voulente de pierre il respondit quil en estoit bien content de le mener/mais des quatorze barilz de sel ne conseilloit pas que il portast. Car quant il seroit es parties de prouence il en trouueroit asses et a bon marchie. Et lors pierre dist au patron Ne vous chaille/car ie vous paieray bien ce qui sera de raison/Car veu de se porter de ce lieu la ou bon me semblera Et quant le patron ouyt la voulente de pierre il en fut content. Et pierre paya tresbien le patron de son nole. Et le patrõ dist a pierre quil aportast sõ sel et ses besoingnes & que a l'aide de dieu vouloient partir tã tost que le vent se leueroit/ et cesse nupt eurent bon vent et firent leuer les voylles et vindrent arriue en une isle appel see sagona et prindrēt la beaue doulce/et le noble pierre estoit las destre en la mer et descendit a terre.

Dant pierre fut en terre il commencā a cheminer par ceste isle. Et ainsi comme il cheminoit il trouua vng tas de fleurs/et pour prēdre playsir il se assa seoit au millieu et en trouua vne qui estoyt la plus belle que toutes les aultres fleurs de odeur. Et le noble pierre la cueillit/ɛ tantost luy aduint au cueur la belle maguelonne Et cōmēca a dire ainsy cōe ceste fleur trespasse toutes les aultres ainsy Maguelonne passoit en beaulte les aultres dames/et commenca a plourer et a mener grāt dueil pensant quelle pouoit estre deuenue Et estāt en cellup pēsement luy print fain de dormir Et luy dormant se leua vng bon vent. Et le patrō fist crier que on se recueillist et aduisa que pierre ny estoit pas ɛ incontinent senuoya cercher et ne le peurent trouuer Et si crierēt/mais si dormoit si fort que merueilles/ɛ quāt ilz veirent quilz ne le trouuoiēt pas regarda le patron que ilz auoiēt si bon vent ne voulut pas perdre cellup temps et fist leuer les voylles/et pierre demoura endormy/ɛ tant nagerent quilz vindrent au port sarrazin et illec deschar gerent. Et quant ilz trouuerent les quatorze barilz si disrent au patron. Que ferons nous des barilz au gentilhōme qui demoura en lisle de sagona qui auoit bien paie sō nolez auoit dit ql les douroit a vng hospital. Alors disrent q il vauldroit mieulx que ilz les donnassent a lospital de sainct pierre/car mieulx ne les pouoient mettre. Et le patron compta a lospi talerie comme cila qui ilz estoient estoit perdu ɛ quelle priast dieu pour son ame.

Il aduint vng iour que ceste Hospitasiere eut besoing de sel si sen alla et print lung des barilz pour auoir du sel et y trouua grant sôme dor et fut toute esbahie/ et en print vng aultre et fist comme au premier et trouua semblablement et considerant en elle dist.

Helas poure homme dieu ait en son gouuernemēt tō ame Car ie voy bien que a moy seule ne vient pas tribulacion. Et puis ses deffist tous lung aps lautre et trouua grant tresor Et incontinent mist en besoigne massôs et plusieurs autres ouuriers en seglise et la fist augmenter de seruice/ et fist faire vng bel hospital et vne belle eglise Laqlle cōtinuellement faisoit bien seruir de diuins seruices tāt q̃ toutes gēs du pais y cōmencerent a venir et y apporterent grādes aulmosnes et se esbahissoient cōme elle pouoit faire si sūptueux edifice.

Cōment le conte et sa contesse vindrent visiter seglise.

Donc le conte et sa contesse vindrent visiter seglise en grāt deuociō et ouyrent la messe Puis allerēt pler a lospitasiere/ et la noble maguelōne tāt quelle pouoit les confortoit disant qlz ne deuoient riēs doubter des faictz de dieu. et que encores se pouoient resiouyr de leur filz/ et ainsy au mieulx quelle pouoit les reconfortoit la belle maguelōe nonobstāt quelle eust meilleur besoing destre confortee/ car ilz nauoient sinon vne douleur dauoit perdu leur filz laquelle chose est humaine et maguelōne auoit pdu sō royaume duql estoit hors de toute esperāce et auoit pdu lamour de son pere. Item elle estoit fille de si noble roy et auoit perdu sō amy pierre et auoit toutes ces grādes douleurs et quāt elle eut serui le cōte et sa contesse ilz sen retournerent

Or laissons a parler du conte et de sa contesse et retournōs a pierre qui est dormant en lisle

Comment pierre demoura endormy en lisle pour la pensee que il eut de maguelonne.

ierre demoura endormi vne piesse & quāt il se[s]veil la & veit quil estoit nupt il fut fort esbahy & se leua de bout prestement/ et puis sen vint par devers la marine en icelle partie ou il auoit laisse sa nef/ et quant ne veit riens il pensa que lobscurite de la nupt lui tollit la veue de sa nef & comenca fort a crier & persone ne luy respōdit fors il eut tāt de douleur q̄ il tūba a terre cōe mort & pdit sa memoire/ mais dieu pmist q̄l arriua vne barq̄ & les pescheurs se mirēt dedēs leur barq̄ & arriuerēt en vne ville quō appelloit tropona et la se mirent dedens vng hospital & se recommanderent a lospitaliere.

T quāt pierre fut en cestuy hospital et eut beu & mengé et fut vng peu reuenu il se print a mettre a point le mieulx quil peut et comenca a aller par la ville affin que pl9 tost fust gueri/ mais la grant douleur q̄l auoit dedēs son cueur le destourboit. Et demoura pierre en icelle ville p lespace de neuf mois et encores nestoit pas guery. Et vng iour cōme il saloit esbatre devers la mer il veit au port vne nef & ses mariniers ployēt le sagaige de prouēce & il demāda quāt ilz retourneroient en leur pais Et ilz dirēt dedēs deux iours/ & pierre dit au patrō & lui pria q̄ pour dieu il luy pleust de le mener ou pais de prouēce/ car il estoit du pais & auoit este longuemēt malade Et le patrō lui dist que pour lōneur de dieu & pour lamour du pais il le feroit voulentiers mais quil voulsist aller en aigues mortes en lisle du port sarrazin/ & il en fut biē contēt/ & ainsi il se recueillit en sa nef. Vng iour les compaignōs de la barq̄ ployēt de leglise saīt pierre de maguelōe et lospital/ quāt pierre ouyt nōmer maguelōne il fut bien esbahi/puis demāda qlle eglise cestoit ou elle estoit situee. Et ilz luy dirent que cestoit vne bien deuote eglise/et qlle estoit en lisle du port sarrazi ou ilp auoit vng moult bel hospital en quoy dieu τ mōseigneur sainct pierre faisoiēt beaucop de miracles/τ nous vous cõseil lons que vous voz vouez/ car sans faulte vous y trouueres grant remede τ bõ de voſtre maladie se voº voz y vouez de bõ cueur. Et quāt le noble pierre eut oy pser de ceste saite eglise il voua a dieu τ a sait pierre quil y demoureroit p lespace dūg moys sãs soy faire cōgnoistre a pere ne a mere iusq il eust sā te τ guerison de sa maladie et aussi aulcunes bōnes nouuel les de la belle maguelōne/ nonobstāt qlpēsoit plustost ques le fust morte que vine. Tant vanga le patrō et ses gēs qlz vn drent arriuer saulnemēt au port sarrazin τ illec deschargerēt pierre. Quāt pierre fut a terre incōtinēt sen alla a leglise τ il sec remercia dieu de tout ce ql lui auoit enuoie τ quil lui auoit pleu de le faire venir a saulnemēt. Quāt il eut faicte sō orai son il se mist cōe poure malade en lospital. Et quant mague lōne visitoit les malades veit cestuy q estoit venu de nouuel τ elle le fist seuer et luy saua les pi̇edz τ les mais τ les luy bai sa/car ainsi faisoit a tous. Et puis le fist souper et puys luy mist draps blancs en son lict et le fist coucher τ luy dist quil de mandast tout ce qlluy feroit mestier pour recouurer sante et guerison/ car elle luy aideroit. Ainsi faisoit la noble mague sonne a tous les poures pelerins qui venoient en icelluy lieu duquel elle fut fonderesse.

Comment pierre se mist en lospital.

Pierre soy reposãt en cellup hospital pour le grãt seruice et plaisir q̃ lui auoit faict lospitaliere commenca fort a guerir lequel se esmerueilloit fort de la grande peine que prenoit celle dame a luy seruir et aux autres et disoit en so cueur q̃ sãs faulte elle debuoit estre quelle saincte personne. Ung iour pierre aiant memoire de sa doulce et ioialle amye maguelõne en so cueur cõmenca a souspirer et plourer disant en ceste maniere

O glorieux dieu se par vostre pitie et misericorde me man des nouuelles de ma doulce et ioialle amye maguelõe tresto? les mauly q̃ iay passes ne me seroient riens et si les porteroie paciement et legierement/mais sire dieu iay merite desseruy den souffrir de pires/car iay este cause parquoy elle a laysse son pere et sa mere et aussi tout son royaume et suis encores cause que ses bestes sauluaiges sont mengee et deuoree qui estoit tant belle et tãt noble se vous seigneur ne laues de vre grace et gardee/et si elle est morte plaise vo q̃ ie ne viue plus en ce mõde car sãs elle se demourãt de ma vie sera tout plain de douleurs/car iayme mieulx morir que viure/et en ce disãt gecta ung grant souspir. Et la belle maguelõne ainsy cõme elle visitoit les aultres malades quant elle ouyt si fort souspirer le noble pierre vint a luy soy pensant que il luy faisoit quelque chose ou eust quelque grãt mal si luy dist. Mon bel amy que aues vous/se vous voules riës dictes le et ne doubtes ia quil ne demeurera ia pour argent. Et pierre la mercia et dist quil ne lui failloit riës/mais la coustume des malades et desoles est quant il leur souuient de leurs deffortunes de soy plaindre et souspirer et est le plus grant allegement quilz peut auoir.

E.i.

Quant maguelonne ouyt ainsy parler de desfortue elle comenca tresgracieusement a reconforter & interroguer en luy demandant de sa douleur. Et le noble pierre la mercia treshumblement et dist & compta tout son faict et sans nul nomer/mais disoit ainsi Il fut ung filz dung riche home lequel ouyant parler dune fille qui demouroit en ung pais estrange laissa son pere et sa mere pour lasser veoir/& fortune luy donna que il eust lamour dicelle fille secretement sans ce que nul des amys en sceust rienc et lespousa & print pour femme et puis la gecta hors de lostel de son pere et de sa mere & la laissa dedens ung boys dormant pour recouurer ses aneaulx/& en effect luy compta tout entierement comment luy estoit aduenu iusques a ce iour pour lesquelles parolles maguelonne congneut que cellup cestoit pierre seul elle auoit tant de foys desire et se aduisa a sa maniere et congneut que cestoit le noble pierre/et de grant force de ioye elle commenca a plourer & ne se voulsut manifester mais au mieulx que elle peut commenca a parler a luy tresdoulcement en disant.

Mon frere et amy dist maguelonne ne vous desuues desconforter/mais vous deues tourner a dieu et a la vierge marie. et a monseigneur sainct pierre/car sans nulle faulte se vous se reclames de bon cueur il orra vostre priere et vous retournera vostre lopasse espouse et amye que vous dictes que vous aymes ainsi de bon cueur loyallement/car croies que ainsi côe dieu de sa grace & misericorde vous a voulu garder de mourir en tant de si tresgrans perilz comme vous dictes quaues passes ainsi laurau gardee/& ainsi quil vous a donne des tribulacions ain ſt il vous donnera plaiſir et iope parquoy priés le de bõ cueur qu'il luy plaiſe que ainſy ſoit il et moy pour l'amour de vous ien feray deuote oraiſon de bon cueur Et le noble pierre adõc ſe leua de pied & ſe mercia Et magnelõne ſen alla a l'egliſe et ſe miſt a genoulx deuant l'autel ſainct pierre & commenca a plourer de grãt iope que elle auoit en ſon cueur en remerci-ant deuotement dieu de ſa grace q̃ il luy auoit fait/ de quoy il luy auoit pleu que ſes oraiſons et prieres ne ſes biẽs faitz ne ſtoient vains / car il ſauoit oupe et luy auoit rendu ſon amy pierre. Et quant elle eut finte ſon oraiſon incontinent elle ſe fiſt faire abillemens royaulx car elle auoit aſſes matiere et elle eſtoit biẽ apriſe de ſes ſcauoir deuiſer/ car elle les fiſt faire telz comme a elle appartenoit/& puis elle fiſt apres mettre apoint ſa chambre au mieulx qu'elle peut. Et quant elle eut mis tout a point elle ſen alla ou eſtoit pierre et luy diſt.

Mon doulx amy venes auecques moy car ie vous ay or donne aucun lauement pour laver voz piedz et auſſi voz iambes qui vous confortera tout & ay bonne fiance en dieu mon createur que par ſon plaiſir il vous tournera a bõne ſante de voſtre perſonne.

T quant il fut en ſa chambre elle ſe fiſt aſſeoir et puis ſen entra en ſon retraict et ſe abilla de ſes a-billemens royaulx et ſi miſt ſes voilles comme el-le auoit acouſtume de porter dõt on ne luy veoit ſi non ſes yeulx et vng petit du nez et deſſoubz elle auoit ſes beaulx cheueulx qui alloiẽt iuſqз a terre & ſen vint a pierre & luy diſt. Gentil cheualier pierre donnes vous iope mon a-my/ car vecy voſtre loiaſſe femme & ampe magueſõne pour

E.ii

laquelle vous aues tant passes de maulx et de tribulations
et ne en ay pas moins passe et endure pour lamour de vous
Je suis celle q̃ voꝰ laissastes seule dedẽs le boys endormye
ꝑ vous me tirastes de lostel de mon pere le roy de naples/ ⁊ a
laquelle vous promistes toute honnestete iusq̃s a nostre ma
riage Je suis celle q̃ vous mist celle cheine dor au col en pos
session de mon corps ⁊ de mon amour Je suis celle a qui voꝰ dõ
nastes les troys aneaulx qui estoient tant beaulx et tant ri
ches. Et pource mon amy ⁊ seigneur aduises se ie suis celle
que vous demandes/ ⁊ elle gecta ses voilles de sa teste a bas
et ses blons cheueulx tumbe iusques a terre

Et quant le noble cheualier pierre de prouence veit
sa dame et ampe maguesonne sans voilces il con-
gneut tantost que cestoit sa doulce maguesonne la
quelle il auoit si longuement desiree Si se leua in
continẽt ⁊ cõmencerent a sentrebaiser ⁊ embrasser tant doul
cement ⁊ de tant bonne amour que de ioye psouroiẽt toꝰ deux
ensẽble Et en ceste maniere furent vne grant piece ⁊ ne pou
oient dire mot lung a lautre de grant ioye que ilz auoient Et
puys apres se assirent ⁊ demanderent lung a lautre de leurs
deffortunes.

Et ne vous sauroye dire la moitie de la grant ioye
que ilz auoient lung de lautre/ mais la remetz en
la cogitacion dung chascun/ car mieulx peut pen-
ser que dire ne escripre. Toutesfois ilz ne se pou-
oient saouler de baiser et racompter leurs aduentures Ainsi
tout ce iour iusques a la nupt ne feirent aultre chose q̃ baiser

& acoller nonobstāt que maguelonne lui compta cōment elle auoit eu ses douze barilz dor quil auoit perdus. Et comment elle en auoit despēdu vne partie pour edifier icelle eglise dōt pierre en eut grant ioye Apres quilz eurent communique ensēble ne scauoiēt en qlle maniere ilz se feroient scauoir au cōte & a sa cōtesse Et alors pierre dist ql auoit veu destre sa iour vng mops & encore nestoit pas passe le tēps & maguelōe lui dist
Mon doulx seigneur sil vous plaist ie iray a lostel du conte et la contesse et feray tant quilz viendront icy et ie les ameneray en ceste chābre & vous et moy nous manifesterons a eulx
Et alors dist pierre Ainsi p cōme il vous plaira il soit faict Et maguelonne ordonna que pierre dormist celle nupt en sa chambre/et elle en vne autre chambre

Celle nupt maguelōne de la grant ioye & du plaisir quelle auoit en son cueur desiroit fort quil fust iour pour aller donner aucun bon confort au conte et a sa contesse. Car bien scauoit quilz estoient troublees et desoles et luy greuoit/car encores y auoit quatre iours du mops que pierre auoit vne de ne soy reueler a pere ne a mere. Et si tost ql fut iour elle vestit ses robes dospitaliere quelle auoit acoustume de porter et sen vint a la chābre ou pierre dormoit qui aussi de ioye nauoit peu dormir toute la nupt et print congie de luy doulcement/et elle sē alla devers le conte et la contesse lesquelz lui firent grant feste/car grandement saimoient. Et incontinent la print le conte et la fist seoir aupres de luy/et la contesse de lautre part Et maguelōne leur dist
Monseigneur & vous madame/ie suis venue a vous pour vous reueler vne vision que iay veu a nupt a celle fin q vo[us]

C.iii

vous confortes et que vous vives en esperance. Car iamais personne ne se doibt desfier de dieu. Il me estoit aduis que monseigneur saint pierre me venoit au deuant & menoit par la main ung beau filz ieune cheualier et me disoit Cestui est cestuy pour lequel tu pries monseigneur & madame cest chose que ie doy dire/ car ie scay bien que vous estes fort doulces de vostre filz/ et croies seurement que deuant peu de temps vous le verres vif et bien ioyeulx. Pourtant vous prie humblemēt que vous facies oster les draps de dueil et en faictes remettre quilz soient de plaisir. Quant le conte et la contesse ouyrent parler lospitaliere furent moult ioyeulx nōobstant que ilz ne pouoient croire que pierre fust vif. Toutesfoys pour lamour delle feirent oster les draps noirs et moult prierēt lospitaliere de disner. Mais sō cueur ne se pouoit souffrir/ et leur dist quelle auoit a faire aux besongnes de son hospital. Et print congie deulx. et leur pria que le dimenche apres venissent a saint pierre et iay esperance que deuant que nous departons nous serons ioyeulx. Et ilz luy promisrent dy aller sur ce point sen retourna maguelonne & pierre qui la tenoit en grant affection. Et maguelonne luy compta ce ql le auoit dit audit conte & a sa cōtesse/ & comment ilz deuoient venir le dimenche ensuiuant. Puis fist faire maguelōne plusieurs abillemens tant pour soy cōme pour son amy pierre

Cōment le conte et la contesse vindrent en leglise de saict pierre au iour assigne

Dant vint le dimenche le conte et la cōtesse a tout grant compaignie vindrent a sainct pierre et illec ouyrent la messe. Et quant le seruice fut faict lospitaliere se mist au meillieu du conte et de sa con-

tesse/ et leur dist quelle voulsoit ung peu parler a eulx en sa
chambre q ilz y allerent voulentiers. Quant ilz furent pres
de la chambre lospitaliere dist. Monseigneur et vous mada-
me congnoistres vous vostre filz se vous le voyes Et ilz dis-
rent ouy q quant ilz entrerent en la chambre le noble pierre veit
son pere/incontinent se mist a genoulx. Quant ilz se veirent
tous deulx se vindrent embrasser et baiser et ne peurent dire
mot dune grant piece. Tantost le bruit fut que pierre estoit
venu Et alors vo° veissies dames et chevaliers ¢ toutes ma-
niere de gēs faire feste a pierre Ce pendāt q ceste feste duroit
le conte et la contesse. ¢ pierre parloient ensemble et magne-
lonne entra en une chambre/et se alla abiller de ses habille-
mens royaulx. Et puis tout ainsi abillee sen vint ou estoiēt
le conte et la contesse/et quant le conte et la contesse la vey-
rent ilz furent esbahys de quel lieu povoit venir sy belle da-
me/et pierre se leua et la alla baiser dequoy tous estoient esba-
his. Et pierre la print par le bras et dist Monseigneur ¢ vous
madame ceste est celle parquoy ie party de vous/ et saiches
quelle est fille au roy de naples. Et adonc ilz lasserēt embras-
ser et remercierent nostre seigneur

Comment le bruit fut par la terre que pierre estoit venu ¢
comment ilz firent feste par vii. iours.

Le bruit fut par toute la terre q pierre estoit venu,
q quel estoit en leglise de saint pierre La veissies
venir toutes gens tant a cheual comme a pied.
Les nobles pour lamour de pierre feirent ioustes
et tournoyniens. Les communes dancerent et feirent esba-

temens. Car quant le conte et la contesse ouyrent les deffortunes dont dieu deliura leur filz et maguelonne/ le conte sy print son filz par la main et allerent deuant lautel sainct pierre/ et la contesse print maguelonne/ et allerent de bon cueur remercier dieu. et le glorieux sainct pierre. Et quant ilz eurent ce fait le cõte dist a pierre en ceste maniere. Je vueil puis que

ainsy est que ceste noble dame sy a tant fait pour toy que tu lespouses Et pierre dist. Chier pere quant ie la gectay de lostel de son pere cestoit ma voulente de lespouser par vostre comandement et pour lhonneur de vous et de ma dame ie suis content deuant tous de lespouser. Et vng euesque se mist a uant/et la contesse lui bailla ung bel anel et riche en quoy pierre espousa la belle maguelonne Par tout le pais fut grant feste 𝄪 dura vingt et deux iours sans vacquer a aultre chose et disoient tous que iamais neussent pense que en corps humain dieu eust mis tant de beaulte comme en maguelonne. Et ainsi en ioieusete furêt vingt 𝄪 deux iours auec tant des batemens que merueilles/ car chascun pensoit comme il feroit le mieulx affin de auoir lamour de leur seigneur et de la belle maguelonne.

Comment le conte et la contesse apres que la feste fut passee vesquirent dix ans et puis moururent.

Pres que toute la feste fut passee vesquirent en grant paix le conte et la contesse dix ans apres cestuy mariage. Et pierre les fist enseuelir moult honorablemêt en leglise de sainct pierre. Et puis apres pierres 𝄪 maguelône vesquirêt huit ans Et eurêt ung beau filz qui fut vaillant et hardy/ et depuis côme racompte lystoire fut roy de naples et conte de prouence Mais pierre 𝄪 maguelonne institua hospitalite a une tresbelle eglise bien seruie a lonneur de la trinite de paradis et a lhonneur du prince des apostres sainct pierre et sainct paul. Ausquelz playse de nous resiouyr en nous tribulacions en cestuy monde 𝄪 en la fin dieu nous face posseder sa gloire de paradis. Amen

Cy finist le liure et hystoire de Pierre filz du conte de pro
uence/et de la belle maguellonne fille du roy de Naples.

Imprime a paris par Jehan Triperel libraire et mar
chant demourant sur le pont nostredame a lymaige sainct
Laurens   Le xv.iour de may. Mil. CCCC. quatre vingz
et viii

www.ingramcontent.com/pod-product-compliance
Lightning Source LLC
LaVergne TN
LVHW051512090426
835512LV00010B/2490